Ein Flaneur auf Reisen

ELKE LAU

Ein Flaneur auf Reisen

Bibliografische Information der Deutschen Nationalbibliothek:
Die Deutsche Nationalbibliothek verzeichnet diese Publikation
in der Deutschen Nationalbibliografie; detaillierte bibliografische
Daten sind im Internet über https://portal.dnb.de/ abrufbar.

© 2021 Elke Lau
Satz, Umschlaggestaltung, Herstellung und Verlag:
BoD – Books on Demand, Norderstedt

ISBN: 978-3-7534-4970-8

Inhalt

Vorwort

Einfach ausgedrückt: Es gibt zwei Arten von Menschen, verrückte und normale. Oder präziser: Abenteuerlustige und Bodenständige. Wobei ich die Abenteuerlust als unheilbar einstufe. Wie sagte Goethe? *Im Grunde ist der Menschheit nur der Zustand gemäß, worin sie geboren wurde. Wen nicht große Zwecke in die Ferne treiben, der bleibt weit glücklicher zu Hause.*

Wohlgemerkt: Weder möchten wir angeben, noch Neid erzeugen, sondern gratulieren allen »Bodenständigen« zu ihrem ruhigen, beschaulichen Leben.

Mein schwarzer Humor ist übrigens der Tatsache geschuldet, in Berlin geboren und aufgewachsen zu sein. Es liegt mir fern, mich dafür zu entschuldigen. Aber zumindest sind Sie, lieber Leser, vorgewarnt.

Ich verspreche Ihnen: Sie werden sich nicht langweilen.

I. Sichtweisen

Vor vielen Jahren las ich eine Erzählung über eine ganz normale Familie. Vater, Mutter, der vierjährige Sohn Julian und seine sechsjährige Schwester Verena. Der Junge liebte sein Kopfkissen abgöttisch, nannte es »Wuwu« und schleppte seinen Gefährten ständig mit sich herum. Er redete mit ihm in einer seltsamen Sprache und wollte sogar sein Essen mit ihm teilen. Nach anfänglichen Protesten tolerierten die Eltern den Spleen. Irgendwann gehörte Wuwu zur Familie.

Nur Verena wurde so eifersüchtig, daß sie eines Tages wütend auf dem Kissen herumtrampelte. Die genervte Mutter schimpfte:»Verena, lass' Wuwu in Frieden, du tust ihm weh.« Filmklassiker und Harald Juhnkes Theaterstück *Mein Freund Harvey* lassen grüßen.

Heute werde ich plötzlich an diese Episoden erinnert, als ich an einer Haltestelle am Kurfürstendamm Ecke Wielandstraße auf meinen Bus warte. Gleich daneben befindet sich eine Bank, auf der soeben ein großgewachsener, gutgekleideter Mann mit Hut Platz nimmt. Er wendet sich an seinen Nebenmann, redet lautstark auf ihn ein und bietet ihm schließlich seine Trinkflasche an. Der Angesprochene lehnt wohl ab, denn der Hüne droht ihm lachend mit dem Zeigefinger, ehe er sich selbst bedient.

Einige Minuten vergehen, in denen ich mich nicht von der Szenerie lösen kann. Passanten defilieren vorbei, niemand nimmt Notiz. Langsam zweifle ich an meinem Verstand, denn ich sehe keine zweite Person. Inzwischen ist der Bus eingetroffen. Von meinem Fensterplatz werfe ich einen letzten Blick auf die Bank. Der Mann ist inzwischen aufgestanden, steht wild gestikulierend vor seinem »Gesprächspartner« und verbeugt sich immer wieder. Anscheinend zum Abschied.

Vielleicht sitzt dort tatsächlich jemand, und ich habe nur nicht richtig hingesehen? Als mich mein Sitznachbar immer wieder mustert, reiße ich mich zusammen und höre mit dem ständigen Kopfschütteln auf.

2. Abflughalle Port Stanley/Falkland Inseln

Nachdem wir nach einer stürmischen Überfahrt im Hafen von Port Stanley angelegt hatten, bringt uns ein Bus zum Flughafen. Die Insel ist größer als erwartet, Straßen und Häuser gepflegt und im Stadtbild sind viele englische Soldaten präsent. Die Falklandinseln sind schließlich britisches Territorium. Eine Stunde später checken wir am modernen Flughafen problemlos ein.

Die riesige Wartehalle ist beinahe leer. Wir entscheiden uns für eine Bank mit vier Einzelplätzen und deponieren das Handgepäck auf dem jeweiligen Nebensitz. Plötzlich steht ein bärtiger, schäbig gekleideter Mann vor mir und fordert mich auf, meine Handtasche unverzüglich zu entfernen. Einen Augenblick bin ich irritiert, nach dem Motto »kann der sich nicht woanders hinsetzen?«, nehme aber die Tasche kommentarlos auf den Schoß.

Der Clochard läßt sich auf das Drahtgestell fallen und stellt seinen schmuddligen Rucksack auf den Boden. Noch ehe wir reagieren und die Plätze wechseln können, öffnet sich an der Stirnseite der Halle eine Glastür. Ein Uniformierter erscheint mit einem bulligen, schwarzen Hund. Die Bestie zerrt wie verrückt an der Leine, wird freigelassen und flitzt – wie von der Tarantel gestochen – durch den Saal, direkt auf uns zu. Der Uniformierte folgt ihm. Starr vor Entsetzen klammere ich mich an meinen Begleiter Uli.

Aber das Untier hat den Rucksack meines Sitznachbarn im Visier. Aufgeregt kratzt er mit den Vorderläufen an dem

Gepäckstück, bellt furchterregend und versucht, mit der Schnauze ins Innere des Rucksacks zu gelangen.

Inzwischen hat der Hundeführer sein Tier erreicht, lobt streichelnd und belohnt es mit Leckerli. Dann lacht er uns an:

»Entschuldigen Sie die Unannehmlichkeiten«, sagt er auf englisch, »die Rauschgiftfahndung führt eine Übung durch.« Na bravo.

Auf dem Heimflug stellt sich allmählich unser Humor wieder ein. Aber die gute Laune ist uns nicht lange vergönnt. Nachdem Argentinien den Kampf um die Malwinas verloren hatte, wurden alle Flugverbindungen von und zu den Inseln eingestellt. Wir müssen unsere Reise für eine Nacht in Santiago de Chile unterbrechen. Dort tagen gerade die Ministerpräsidenten der südamerikanischen Staaten. Als wir aus dem Hotelfenster schauen wollen... na ja, das ist eine andere Geschichte.

3. Zugfahrt zum ersten Job

Hauptbahnhof Greifswald. Der heißt wirklich so. Wir warten auf den Regionalzug nach Hamburg, für den wir den Kleingruppen-Tarif gewählt hatten. Der Bahnsteig ist überwiegend von Studenten bevölkert, obwohl keine Semesterferien sind.

Wir beobachten einen junge Mann, lang wie Dirk Nowitzki und gekleidet wie ein Geschäftsreisender, der verschiedene Leute anspricht. Die schütteln immer den Kopf, und er zieht weiter. Auch an uns geht er nicht vorbei, sondern fragt:

»Sind Sie vielleicht im Besitz eines Gruppentickets, auf dem ich bis Hamburg mitreisen könnte? Ich würde mich auch an den Kosten beteiligen.«

Wir sind einverstanden und bereuen diese Entscheidung auch nicht, denn er hilft unaufgefordert beim Verstauen unseres umfangreichen Gepäcks.

Zuerst wirkt unser »Gast« schüchtern, aber allmählich taut er auf, erzählt von dem kürzlich bestandenen Examen, seiner Bewerbung bei einem Hamburger Unternehmen und dem zweiten Vorstellungsgespräch, zu dem er für heute eingeladen wurde. Schließlich vertraut er uns an, daß er unsicher sei, wie er sich gegenüber dem zierlichen Personalchef verhalten sollte, den er um gut zwei Haupteslängen überragt.

Wir verkneifen uns den schwarzen Berliner Humor, formulieren diplomatische Antworten auf eventuelle Fragen und raten zu unbedingter Ehrlichkeit. Als wir dann mit verteilten Rollen üben, dauert es nicht lange, bis wir uns über die nun immer witziger, ja sarkastisch werdenden Dialoge vor Lachen biegen. Zum Glück ist unser Abteil leer.

Kurz vor dem Ziel teilen wir brüderlich unsere Käsestullen, er spendiert seine Reserveflasche Wasser, und dann ist es Zeit zum Abschiednehmen.

Wir drücken ihm unser Ticket für die Heimfahrt in die Hand, lehnen seinen Anteil entrüstet ab, bestehen aber auf Nachricht, wie das Vorstellungsgespräch verlaufen ist.

Da wir auf Reisen jeden Internet-Kontakt meiden, finden wir erst viel später seine Schilderung vor. Er bedankt sich ausdrücklich für unseren »Nachhilfeunterricht« und bezeichnet ihn als »Türöffner«.

Gerne wären wir wieder mit ihm gefahren, aber da stand er längst im Arbeitsprozess.

4. Grüße aus Buenos Aires
an Hans Moser

Durch Ablagerungen des Rio Parana hatte sich im Laufe der Jahre im Tigre-Delta ein Labyrinth von Inseln gebildet, das ziemlich schnell besiedelt wurde. Außer gemütlichen Cafés zieht ein Gourmet-Tempel Einheimische und Touristen in Scharen an, und der steht heute auf unserem Programm.

Wir fahren also mit dem spartanischen Mitre Tren vom Hauptbahnhof Retiro nach Tigris. Hier liegen Fähren in großer Zahl an den Kais, um Anwohner und Versorger zu befördern. Wir zeigen dem Bootsmann eines abfahrbereiten Bootes die Visitenkarte des bekannten Restaurants. Er nickt und deutet auf zwei freie Plätze inmitten tobender Schulkinder.

Es ist feucht und schwül, auf dem einfachen Dampfer zieht es an allen Ecken und Kanten und wir sind von keiner Sachkenntnis getrübt, wo wir auszusteigen haben. Nach einer guten Stunde und diversen Anlandungen wird an einer halbwegs gepflegten Gartenanlage festgemacht. Begleiter Uli schickt mich zum Bootsmann, ich soll fragen, ob hier unser Ziel erreicht ist.

Der Rastalocken-Argentinier schielt auf meinen Zettel, nickt heftig und scheucht mich mit einer ungeduldigen Handbewegung von Bord. Uli schafft den Sprung auf den Steg in letzter Sekunde.

Zu unserer Erleichterung ist die Insel gut besucht und wir treffen ein Ehepaar, das wir nach dem Weg fragen. Wir erfahren, daß wir mit einem falschen Dampfer unterwegs waren, die meisten Hilfskräfte der Fährschiffe Analphabeten seien und das nächste Boot nach B'Aires erst in drei Stunden fährt. Na, bravo!

Zurück im Hotel schildern wir dem smarten Rezeptionisten unser Fiasko und da sich unsere Abenteuerlust für heute in Grenzen hält, fragen wir nach einem guten Restaurant. Der routinierte Angestellte schickt uns in die Calle Lavalle und schreibt auch noch den Namen eines berühmten, argentinischen Gerichts auf.

Wir finden das Steakhaus auf Anhieb, werden an gemütliche Fensterplätze geleitet und bestellen die empfohlene Spezialität, die sogar in der Speisekarte verzeichnet ist. Der Ober, Hans Moser in Gang und nuschelnder Sprache zum Verwechseln ähnlich, winkt mürrisch ab und zeigt auf das »Steak à la Knickknack«. Auch der Wein findet nicht seine Zustimmung. Eingeschüchtert verkneifen wir uns jeden Protest, stimmen zu und harren der Dinge, die da kommen.

Essen ist hervorragend, der Wein genau nach unserem Geschmack, dazu lassen Tangotänzer vor unserem Fenster ihrer Lebenslust freien Lauf. Für weitere Unterhaltung sorgt der Wortwechsel zwischen Hans Moser und zwei deutschen Touristen hinter uns, die nicht einsehen wollen, daß hier der Ober bestimmt, was gegessen wird.

5. Adoptivkind aus Stein

Dresden gehört zu unseren Lieblingsstädten, obwohl Westberliner ein sehr gespaltenes Verhältnis zu den Sachsen hatten, deren Schikanen sie an den Grenzen zu spüren bekamen. Wir nannten sie sogar »unsere fünfte Besatzungsmacht«. Aber Schwamm drüber, alles Schnee von gestern.

Nicht lange nach der Wende besuchten wir die sächsische Metropole, natürlich auch den Neumarkt. Die Frauenkirche, ein Trümmerberg mit Unkraut überwuchert, verhalf zwar Ruinenresten zu sicherem Stand, aber der Anblick war schockierend und sollte nun als Mahnmal ewig an die Grausamkeiten von Kriegen erinnern.

Einige Jahre sind dann ins Land geflossen, bis wir mal wieder am Neumarkt vorbeischauten. Die Schuttberge waren verschwunden, das Gelände umzäunt, Hochregale errichtet, die nun die ordentlich mit Nummern versehenen Steine beherbergten. Ein Schild kündigte den Wiederaufbau des berühmten Gotteshauses an.

»Das wird nie etwas«, dachten wir skeptisch und glaubten unseren Glashütter Freunden kein Wort, als sie triumphierend verkündeten: »Das Untergeschoß der Frauenkirche steht.«

Also nüscht wie hin. Das Staunen war groß und die Bewunderung für die bisherige Meisterleistung noch größer. Wir hatten die Sachsen schlicht und einfach unterschätzt.

In einem Bauwagen wurden geduldig Pläne und Finanzierungsmöglichkeiten erklärt. Ehrenamtliche Kämpfer waren unermüdlich im Einsatz, um Menschen für dieses sensationelle Vorhaben zu begeistern und für Spenden zu werben. Die Phantasie, auf legalem Weg Gelder einzusammeln, kannte keine Grenzen.

Wir wollten Teil dieser Bewegung sein. Und damit bin ich am Anfang meiner Geschichte angelangt. Vertraut ist uns dann Dresden in den Jahren geworden, in denen wir regelmäßig unser Adoptivkind besuchten: D/E-HF 159 ist sein Name.

Heute ist es mal wieder so weit. Vom Bahnhof sind es nur ein paar Gehminuten, bis wir vor der Hauptfassade der Frauenkirche stehen und stolz unserem Stein zuwinken, dort oben an der Schnittstelle über dem Fenster zwischen D und E. Sofort bleiben auch weitere Touristen stehen, schauen neugierig in die gleiche Richtung wie wir, nach dem Motto »ich sehe was, was Du nicht siehst ...« und mustern uns kopfschüttelnd. Dann tippen sie sich an die Stirn und schlendern weiter.

6. Kantonesische Küche in Hongkong

D a das Frachtschiff, mit dem wir seit San Francisco unterwegs waren, in Hongkong seine Route ändert, entschließen wir uns, in dieser pulsierenden Stadt zu bleiben. Es ist der Heilige Abend. Dem Agenten ist es gelungen, ein Zimmer zu buchen, und nun freuen wir uns, nach der etwas spartanischen Kost der letzten Wochen, auf kommende Gaumenfreuden.

In dem riesigen Hotel sind chinesische, indische, italienische und französische Gourmettempel untergebracht. Nach Studium der Speisekarten entscheiden wir uns für französische Küche.

»Haben Sie reserviert?«, fragt der Maitre herablassend.

Na, dann auf zur nächsten Adresse. Nachdem wir uns die dritte Abfuhr eingefangen haben, sind wir dankbar, als uns ein Ober des kantonesischen Restaurants an einen Tisch geleitet. Ehe wir Getränke bestellen, werfen wir einen Blick auf das runde, reichlich bestückte Buffet.

Beschriftung ist chinesisch, und die Speisen in trüber Beleuchtung nicht zu identifizieren. Aber dann ..., Schüsseln mit Käfern, Schlangen, nackten, dichtgedrängten Küken und ..., ist das etwa das berühmt-berüchtigte Hundefleisch?

Wortlos schauen wir uns an. Es gibt es nur eine Lösung: In affenartiger Geschwindigkeit verlassen wir den Saal durch den Notausgang, stürzen mit der erstbesten Rolltreppe in die Tiefe und stehen ein paar Minuten später erleichtert auf der Straße. Erst jetzt fällt uns der Spruch eines Reiseleiters wieder ein: »Die Kantonesen essen alles, was vier Beine hat, außer Tisch und Stuhl und alles, was fliegt, außer Flugzeugen«.

Es gilt, eine Alternative zu finden, aber nirgendwo auch nur die Spur einer Gaststätte. Der Hunger macht uns ungeduldig. Nur so ist es zu erklären, daß wir beim Anblick der hell erleuchteten »amerikanischen Botschaft«, wie wir Burger-King nennen, schwach werden.

Es ist unser erster Aufenthalt in einem Etablissement dieser Art. Wir bestellen das volle Programm, es ist schließlich Heiligabend: Doppelburger mit Käse und Schinken, dazu Pommes und einen großen Pappbecher Kakao.

Natürlich verbrennen wir uns den Mund am kochendheißen Getränk, und auch der Verzehr des überfrachteten Burgers bereitet uns Schwierigkeiten, aber plötzlich fühlen wir uns nicht mehr fremd im Kreise von Jugendlichen, die nun neugierig die Nähe der Langnasen suchen, Fragen stellen, Selfies schießen und uns einen unvergeßlichen Abend bescheren.

Es kommt eben immer auf die Perspektive an.

7. Schick gemacht für die Oper

Es ist warm in Berlin. Wir treffen viel zu früh an der Deutschen Oper ein und verbringen die Zeit bis zum Beginn der klassisch-chinesischen Tanzvorführung des »Shen Yun-Ensembles« unter freiem Himmel.

Die Veranstalter hatten bei Zusendung der Karten um »Abendgarderobe« gebeten. Für uns eine Selbstverständlichkeit, nicht aber für unsere Mitstreiter. Die präsentieren stolz ihre Vorstellung von festlicher Kleidung: Jeans mit Löchern, T-Shirts mit lustigen oder weniger lustigen Aufdrucken, sogar Kirali-Hosen, Markenzeichen von Herthas ehemaligem Torhüter, und Michelinmännchen-Westen sind vertreten. Auch Träger dunkler Anzüge promenieren, hier mindern lediglich weiße Turnschuhe und Schlafanzugoberteile unter dem Sakko den positiven Gesamteindruck.

Die Eingangstüren sind geöffnet. Eine davon wird von einem etwa 60jährigen Mann mit grauem, dünnen Pferdeschwanz blockiert, mitsamt drei voluminösen Tüten, wie wir sie von Flaschensammlern kennen. Er hält ein Schild hoch: »Suche Eintrittskarte«.

Eine ältere Dame geht auf ihn zu und spricht ihn an. Wir sehen, wie er den Kopf schüttelt und sie sich abwendet. Als sie dann in unserer Nähe stehen bleibt, fragen wir neugierig: »Haben Sie dem Mann eine Karte angeboten?«

»Ja, aber er wollte sie geschenkt oder höchstens drei € bezahlen, obwohl sie über hundert gekostet hat.« Später erfahren wir, daß der Typ für die Karten-Mafia arbeitet.

Ein Klingelzeichen kündigt nun den baldigen Beginn der Vorstellung an. Auf der Treppe zu unseren Plätzen Parkett

Reihe 11 hatte sich ein übergewichtiger Mittfünfziger in zerschlissener Jeanskleidung mit geöffnetem Hosenschlitz niedergelassen und häuslich eingerichtet, rechts und links halbleere Cola-Flaschen, aus denen er abwechselnd trinkt, während er hektisch zwei Handies bespielt.

Wir bitten den Platzanweiser, den Provokateur zu vertreiben. Der Angestellte schüttelt bedauernd den Kopf.

»Dazu bin ich nicht berechtigt. Der Mann ist im Besitz einer 200 Euro teuren Karte, und wir dürfen ohnehin das Verhalten von Besuchern nicht kritisieren.«

»Erleben Sie das öfter?« fragen wir schockiert.

Er nickt. »Ständig. Sie können froh sein, wenn Ihr Sitznachbar keinen Döner während der Vorstellung auspackt und verspeist.«

Uns bleibt das zum Glück erspart. Was gibt es sonst noch zu berichten? Ach ja, die Darbietungen der Chinesischen Künstler, angesiedelt zwischen Ballett und Akrobatik, sind phantastisch. Befremdlich allerdings ist der politische Aspekt »Falun Gong« und abstoßend eine massive Einwerbung von Spenden. Mit Barscheck an eine New Yorker Anschrift zu senden.

8. Jackpot in Las Vegas

Der eigentliche Grund unserer Reise nach Las Vegas ist der Besuch der berühmten Show »Cirque du Soleil«, aber auch die widersprüchlichen Beschreibungen dieser Wüstenstadt hatten für uns ihren Reiz.

Als wir nun erwartungsvoll unsere pyramidenförmige Luxusherberge betreten, sind wir nicht im entferntesten auf diesen Anblick vorbereitet: Eine abgedunkelte Katakombe in der Größe mehrerer Fußballfelder beherbergt Tausende Spielautomaten, Bekleidungs- und Schuhgeschäfte, Reiseagenturen, Pizza- und Burger-Läden.

Auch das Publikum ist gewöhnungsbedürftig. Übergewichtige, tätowierte junge Frauen in Bikinis, torkelnde, filzlockenbezopfte Jünglinge, Uhus (Unter-Hundertjährige) in knappen Shorts und Basecap.

Wir befreien uns vom Gepäck und bummeln bei dreißig Grad im Schatten und schneebedeckten Bergen am Horizont den Sunset Strip entlang, bewundern Wasserfontainen, die sich nach klassischer Musik taktgenau bewegen, streifen durch einige der berühmten Hotels wie das legendäre »Cesar's« oder das originalgetreue »New York« mit seinen zünftigen Gaststätten aus aller Herren Länder.

Alle Hotels haben eins gemeinsam: Unzählige piepende und sprechende »Slotmachines«, an denen korpulente Amerikanerinnen mit Lockenwicklern stumpfsinnig die Tasten der Spielautomaten bedienen. Früher wurde viel Zeit mit dem Einwurf von Geldstücken verplempert, heute laden die Leute per Kreditkarte einen Spielchip und dann tanzen die Zahlen in affenartiger Geschwindigkeit ... vorwärts ... rückwärts ... vorwärts...rückwärts..., Gewinne oder Verluste werden sichtbar auf dem Chip registriert. Beängstigend schnell bewegt sich das Guthaben in Richtung zero.

Am späten Nachmittag finden wir uns am Hotel Bellagio, der Spielstätte des Cirque du Soleil, ein. Auf Anraten guter Freunde haben wir an den Eintrittskarten nicht gespart und sitzen nun in der vierten Reihe. Ein Volltreffer. Obwohl uns bekannt war, daß in Las Vegas nur die besten Künstler und Artisten der Welt engagiert werden, stellt diese Veranstaltung alles in den Schatten, was wir jemals in unserem Leben gesehen haben. Einschließlich chinesischem und russischem Staatszirkus. Es ist Artistik, Clownerie und Ballett vom feinsten, wobei die Technik an Zauberei grenzt.

Die Begeisterung hat uns fast die Sprache verschlagen und der Weg durch das nächtliche Las Vegas besorgt nun den Rest. Wir sind geblendet vom Licht, das bombastische

Bauten bis in den Himmel umhüllt, so daß wir uns in eine ferne Galaxie versetzt fühlen.

Am nächsten Morgen kaufen wir einen Bagel in einem der Freßtempel und entdecken einen Spielautomaten alter Prägung. Der akzeptiert nur 10-Centstücke. Ich finde noch eins im Portemonnaie, stecke es in den Schlitz und Sekunden später klackert der Jackpot in die Schale. Es sind zweihundert Dimes, die ich nun in eine Plastiktüte schütte.

Die Ernüchterung folgt auf dem Fuße. Weder Bank noch Wechselstube sind bereit, die Geldstücke in Scheine umzutauschen. So drücke ich vor dem Abflug unseren Hauptgewinn einem beinamputierten Bettler in die Hand, der verdutzt auf den Beutel schaut, ehe er uns freudig nachwinkt.

9. Visite auf dem Friedhof

Es klingt makaber, aber ich liebe Friedhöfe. Besonders Begräbnisstätten in fernen Ländern wie Retiro in Buenos Aires mit seiner berühmten Bewohnerin Evita Peron. Oder St. Louis Cemetery in New Orleans, der Maarie Laveau, die berüchtigte Voodoo-Königin beherbergt.

Auch an anderen Orten ziehen mich Gottesacker magisch an. Breite Wege, Stille, Beschaulichkeit und Blütenpracht schalten Grübeleien aus, dazu beflügeln Namen und Alter der Verstorbenen auf winzigen oder protzigen, oft kuriosen Grabsteinen meine Phantasie.

Einmal kam ich an einer Trauergemeinde vorbei, die anscheinend auf den Beginn der Feier wartete. Gerade wurde der Sarg feierlich herangetragen. Ein kleiner Junge hatte ihn wohl als erster entdeckt und hüpfte nun aufgeregt von einem Fuß auf den anderen.

»Mutti, Mutti«, rief er aufgeregt, »meine Spielzeugkiste wird geliefert.«

Manchmal ergeben sich sogar Kontakte mit intensiven Gesprächen, die sich nicht um Trauer drehen. Wie auf dem Heidefriedhof in Dresden. Eine alte Dame sitzt auf einer Bank, neben sich Stock und Handtasche. Als ich auf ihrer Höhe bin, winkt sie mir zu. Ich betrachte das als Einladung und setze mich daneben.

Sie lächelt unsicher.

»Hier ist weit und breit kein Mensch zu sehen. Ich bin ängstlich, denn es treiben sich manchmal merkwürdige Gestalten umher. Das Grab meines Mannes liegt nämlich dort drüben, an den unübersichtlichen Hecken.

Würden Sie einen Moment auf meine Handtasche aufpassen?«

»Nee, das gewöhnen Sie sich mal schnell ab, einer Fremden Ihre Tasche anzuvertrauen. Die nehmen Sie jetzt mit. Ich bleibe hier und behalte Sie im Auge.«

Später erzählt sie mir aus ihrem Leben und bedankt sich sogar für meine Gesellschaft.

Heute bin ich im Norden Berlins auf Verwandtenbesuch. In ihrer Nähe befindet sich auch die letzte Ruhestätte von Marie Schley, einer Abgeordneten, die immer in Pantoffeln zur Arbeit erschien. Ein Berliner Bär aus weißem Marmor bewacht das Grab, das allmählich verwahrlost,

Beim Verlassen des Friedhofs begegne ich einem Postbeamten. Er sortiert hektisch den Stapel Briefe in seiner Hand.

»Können Sie die noch alle zustellen«, frage ich augenzwinkernd.

Er stutzt, dann geht ihm ein Kerzenlicht auf.

»Nee, die Arbeit übernimmt heute die Friedhofsverwaltung.« Und dann gewinnt der sprichwörtliche schwarze Berliner Humor Oberhand.

»Ja, ja, Spaß muß sein bei der Beerdigung, sonst jeht keener hin.«

10. Biergartenbesuch in China

Bei unserem letzten Besuch in Peking war der *Platz des Himmlischen Friedens*, der eine Million Menschen aufnehmen kann, frei zugänglich. Heute wimmelt es von Polizei und Militär. Unübersichtliche Menschenmassen schieben sich durch Absperrungen und Sicherheitsschleusen.

Akribisch durchgeführte Taschenkontrollen und hohe Temperaturen würden wir noch klaglos überstehen, aber zunehmend geht uns der chinesische Stadtführer mit seinen ätzenden Sprüchen auf den Zünder. Zum Schluß erzählt der Mann von der Größe eines Lokführers bei Märklin noch einen Witz, den wir zwar nicht verstehen, dessen Pointe uns aber die Zornesröte ins Gesicht treibt: Im Jahre 2030 wird die Schweiz chinesisch und 2050 ganz Europa. Niemand gibt Trinkgeld.

Nach dem Erlebten ist unsere Laune nicht die beste und ungern geben wir zu, daß wir auf den berühmten »Hallo-Straßen« das eine oder andere Schnäppchen erstehen wollen. Für dieses Vorhaben versorgen wir uns mit reichlich Yuan. Als uns mörderische Hitze davon abhält, Plagiate anzuprobieren, beschließen wir, das Geld im berühmten »Paulaner« zu verprassen.

Der Biergarten ist proppevoll. Eine Gruppe chinesischer Geschäftsleute lädt uns ein, bei ihnen Platz zu nehmen, und sofort fragt ein schlitzäugiges, bildhübsches Mädel im feschen, bayrischen Dirndl nach unseren Wünschen. Nach tagelangem Genuß chinesischer Küche bestellen wir Leberkäs' mit Kartoffelsalat, dazu bayerisches Bier.

Unsere Tischgenossen fragen uns Löcher in den Bauch

und sind an allem interessiert, was deutsch ist. Im Gegen-
zug bringen sie uns bei, die Gesichter der Asiaten anhand
ihrer Augenbrauen zu unterscheiden: Han-Chinesen =
10,10 Uhr, Koreaner 9.15 Uhr und Japaner 8.20 Uhr.

Obwohl unser Verzehr an diesem Abend bescheiden zu
nennen ist, reicht unser Yuan-Bestand gerade mal aus, de
Rechnung zu begleichen. Zum Glück akzeptiert der Taxi-
fahrer später auch Dollar.

II. Berliner Schnauze

Turbulente und ereignisreiche Jahre sind ins Land geflossen, seit wir Berlin verlassen hatten. Dennoch ist uns das Heimweh treu geblieben. Es überfällt uns meist dann, wenn schnoddrige Berliner Sprüche fallen, die an Schlagfertigkeit kaum zu überbieten sind.

Heute ist es mal wieder nötig, unsere Wunderwaffe gegen diese »Attacken« einzusetzen: Tageskarte für den Regionalzug, der sogenannten Ferkeltaxe, zum Berliner Hauptbahnhof. Von dort zu Fuß in Richtung Ku-Damm. Anfangs bewegen wir uns noch innerhalb des internationalen Sprachgewirrs, aber Berliner Luft hat auch so ihren Reiz.

Erste Rast in einem Café. Hinter uns sitzen zwei Damen bei Kaffee und Likörchen, als die Bedienung mit zwei Tellern erscheint.

»Wer bekommt das Tortenstück für Holzfäller?« fragt sie burschikos.

»Ick«, sagt die dickere der beiden Frauen.

Ihre zierliche Freundin will ihr ein schlechtes Gewissen einreden. »Du denkst überhaupt nicht an deine Gesundheit«, mahnt sie.

Die Dicke, lakonisch: »Frißte dit, stürbste – frißte de dit nich, stürbste ooch.«

Na gut, wir sind auch mit einem Capuccino zufrieden.

Um auf alten Spuren zu wandeln, wollen wir mit der U-Bahn nach Tegel fahren. Fahrscheine gibt es im Zeitungsladen an der Zugangstreppe zu kaufen. Die Verkäuferin zählt gerade den Inhalt ihrer Kasse und nimmt keinerlei Notiz von uns.

»Machen Sie mal hinne, unsere U-Bahn fährt gerade ein.«

»Wenn dit ihre U-Bahn is, muß die sowieso warten«, sagt sie ungerührt und zählt weiter ihre Münzen.

Entschleunigung heißt das Zauberwort, Züge fahren ohnehin alle paar Minuten.

Als wir in Tegel aussteigen, empfängt uns dichtes Getümmel. Menschen strömen in Gaststätten, Eisdielen, von oder zu Dampferanlegestellen. Wir entscheiden uns gegen eine Rundfahrt auf dem Tegeler See, denn ein gut besuchtes, rustikales Restaurant lädt zum Mittagessen ein.

Mit viel Glück erwischen wir zwei freie Plätze, direkt neben einer Herrenrunde. Die ist schon mächtig im Tritt, was nach ihrem häufig wiederholten Schlachtruf »Prostata« nicht verwunderlich ist.

Ein Kellner bringt die Speisekarte. »Ich würde Ihnen ›Zunge spezial‹ empfehlen«, sagt er geschäftstüchtig.

»Igitt«, sage ich kopfschüttelnd, »was ein anderer schon im Mund hatte ...«

»Ach, dann essen Sie wohl lieber Eier.«

Danke Berlin.

12. Lebensfreude pur in Rio

Unser Schiff liegt in der finstersten Ecke des Kohlehafens. Ein Kleinbus sammelt uns an der Pier ein und fährt uns zum Ausgang, vorbei an einsturzgefährdeten Gebäuden, Müllhalden und wilden Hunden. Wir sind froh, diese Strecke nicht laufen zu müssen.

Das Hafengelände ist eingezäunt. Als sich das Tor hinter uns schließt, stehen wir zunächst unschlüssig vor einer baufälligen Brücke. Mangels Alternative überqueren wir sie und befinden uns plötzlich »mitten drin im Plaisiervergnügen«, sprich: Endhaltestellte Busbahnhof Rio de Janeiro.

Es ist nicht die Zeit des Karnevals, obwohl der Anblick des riesigen Areals diesen Eindruck erweckt. Etwa dreißig bis vierzig Busse parken oder fahren, werden von buntgekleideten Menschen gestürmt, außer uns weiß anscheinend jeder, wo er hin will. Wir schauen hilflos auf das Getümmel bis wir ein Fahrzeug mit dem Ziel *Copacabana* entdecken. In letzter Sekunde springen wir auf.

Das klapprige Vehikel ist proppevoll, und der Busfahrer gibt unerwartet Gas. Sofort kommt Bewegung in die Gemeinde. Junge Männer mit freiem Oberkörper und brasilianische Schönheiten in klitzekleinen Bikinis versuchen, einander Halt zu geben und kreischen vor Vergnügen. Dann werden Musikinstrumente ausgepackt und ab geht das Gewitter: Sambarhythmen und feurige Tanzeinlagen bringen den Bus zum Schaukeln, sogar der Fahrer wird mit einbezogen. Auf dessen Schoß nimmt jetzt eine spärlich bekleidete junge Dame Platz. Durch offene Fenster wird der Takt mit den Fäusten auf das Außenblech des Busses gehämmert. Lebensfreude pur.

Endstation Copacabana. Heute ist Sonntag und die Straße für Autos gesperrt. Spaziergänger, Rollschuhläufer und unzählige Musikgruppen verwandeln die Promenade in eine Vergnügungsmeile.

Mittags sitzen wir auf der Terrasse eines Restaurants mit Blick auf Strand und Zuckerhut, und weil wir so zufrieden sind, gesellt sich trotz mörderischer Hitze eine Flasche Rotwein zum berühmten Steak.

Dann soll uns der Bus zurückbringen. Wir finden sogar eine Haltestelle, aber das nutzt uns zunächst nicht viel. Nachdem drei Busse mit der Nummer 127 an uns vorbeigerauscht sind, nehmen wir uns ein Beispiel an den Brasilianern: Wild winkend springen wir auf die Fahrbahn und tatsächlich ..... der nächste Bus hält.

Linienführung ist nun eine andere. Es beginnt zu dämmern, die Gegend wird einsamer, unübersichtlicher, wirkt regelrecht verkommen, anscheinend Vorläufer der Favelas. Der Bus leert sich zusehends. Unser Unbehagen wächst, denn wir sind nun die letzten Fahrgäste, die am menschenleeren Hafen aussteigen. Als der Wachmann nach Kontrolle unserer Bordausweise das Tor hinter uns schließt und den Shuttle-Bus bestellt, stecken wir ihm vor Erleichterung einen Geldschein zu.

13. Kriminalgeschichte gefällig?

Vorlagen für Kriminalgeschichten liefert der Alltag. An einem sonnigen Tag – noch vor Corona – wartete ich auf einer Bank des Hamburger Hauptbahnhofs auf meinen Zug. Etwas geistesabwesend schaute ich Flaschensammlern, Rauchern und Würstchenessern hinterher, als ein Krawattenträger in feinem Zwirn an der Bahnsteigkante entlang schlendert, plötzlich einen Haken schlägt, eine offensichtlich englische Zeitung hervorzaubert und auf dem Papierabteil der Abfallkörbe sichtbar platziert. Danach steuert er zügig die nächste Rolltreppe an.

Während ich noch überlege, das ungelesen wirkende Exemplar näher in Augenschein zu nehmen, taucht ein schlacksiger Jüngling auf, geht schnurstracks auf die Zeitung zu und stopft sie – ohne nach rechts oder links zu schauen – in die Innentasche seiner Jeansjacke, macht auf dem Absatz kehrt und sprintet die nächstgelegene Treppe hoch. Zufall?

Ganz anderer Art ist die folgende Beobachtung: In unserer Straße befindet sich ein Stadion, das nur an den Wochenenden genutzt wird. Dann sind auch die vereinseigenen Abstellplätze überfüllt, was sonst verboten ist.

Seit einigen Tagen parkt auf dem leeren Areal – immer zur gleichen Stunde – ein Mann in einem dunklen Geländewagen. Das Seitenfenster ist geöffnet, nur das Profil des Fahrers ist sichtbar, denn sein Blick ist starr auf unsere Häuserblocks gerichtet. Den Arm hält er aus dem Fenster, damit er die Asche seiner brennenden Zigarette – die er in hastigen Zügen raucht – problemlos abschnippen kann.

Zwei Wochen das gleiche Procedere. Unsere Überzeugung: Der Mann ist Detektiv. Aber wen beschattet er? Vergeblich forschen wir nach. Bis wir in der Nähe des Parkplatzes auf eine Bekannte treffen und sie auf den »Detektiv« aufmerksam machen, der auch heute »Wache schiebt«.

Sie stutzt einen Augenblick, dann winkt sie dem Menschen herzlich zu. Er grüßt zurück.

»Das ist mein Nachbar. Seine Frau hat ihm verboten, in der Wohnung zu rauchen.«

Wird wohl nichts mit der Kriminalgeschichte.

14. Luxus auf koreanisch

Die Ausstattung des Zimmers im berühmten »Lotte-Hotel« ist für uns der erste Beweis, daß Seoul zu den modernsten Städten Asiens gehört. Der Überfluß läßt uns zunächst staunen, aber die moderne Technik verzweifeln.

Die drei Abteile des Bades sind hinter Glaswänden »verborgen«: Dusche und Wanne, zwei Waschbecken und eine »Halle der inneren Harmonie« mit hypermoderner Armatur an der Kloschüssel. Man sollte sich also schon ein paar Tage kennen! Wir sind zu feige, die einzelnen Funktionen, wie beheizte Klobrille, Po-Waschanlage und geräuschübertönende Musik auszuprobieren.

Alle Funktionen im Zimmer werden über einen Monitor gesteuert. Zum Glück entdecken wir das Symbol »Gardinen zu« und können die taghelle Beleuchtung der Stadt aus dem Zimmer verbannen, ehe uns der Schalter »all off« Schlaf gestattet. Dafür drücke ich beim nächtlichen Klobesuch versehentlich »all on«, und gleißende Scheinwerfer würden in unserer Behausung Filmaufnahmen ermöglichen.

Das Staunen setzt sich am nächsten Morgen beim Frühstück fort. Zunächst werden wir zu einem der besten Tische am Fenster geleitet. Ein verkabelter Maitre im Stresemann schenkt Kaffee ein, und Uli zieht los. Von den endlosen Buffets irritiert, kehrt er mit Waffel und einem Klecks Marmelade zurück. Mir ergeht es nicht besser: Mini-Pancakes, die ich nicht mag, und eine Schale Cocktailtomaten, na ja, aller Anfang ist schwer, aber schließlich finden wir unten den Dutzenden Fisch-, Fleisch-, Gemüse-, Obst und Salatgerichten auch etwas Käse und Brot und fummeln uns ein. Die Hilfsbereitschaft des Personals ist überwältigend.

Dazu erklingt klassische Musik vom feinsten: Hoffmanns Erzählungen, kleine Nachtmusik, Straußwalzer, Karajanmärsche, wir müssen uns zwingen, nicht im Takt zum Tisch zu tänzeln.

Uli zeigt einer bildhübschen, jungen Frau, wie sie tropffrei Honig vom Glas auf ihr Brot befördern kann. Eine Japanerin, wie sich herausstellt, die jetzt mit ihrer Mutter am Nebentisch Platz nimmt. Wir überschütten uns gegenseitig mit Komplimenten, ehe wir uns nach endlosen Abnickverbeugungen und Fotografiererei verabschieden.

Auch von der Stadt sind wir begeistert. Sie ist überraschend sauber, und gegen Luftverschmutzung hatte man erfolgreich Gingko-Bäume gepflanzt. Überwiegend sehr junge Menschen, modern und sexy gekleidet, bevölkern die Straßen. Künstlergassen mit Gemäldegalerien und Kunsthandwerksläden vermitteln gemütliches Flair und duftende Garküchen verlocken zum Probieren.

Spätestens nach dem Vortrag des deutschen Botschafters über Perfektion in seinem Gastland festigt sich auch bei uns die Überzeugung, daß Tradition und Moderne eine Einheit bilden können.

15. Laubgebläse ahoi!

Herbstferien sind vorüber, und die Strandpromenade des im Umbruch befindlichen, einst auf Naturschutz bedachten Fischerdorfes menschenleer. Eine Holztreppe ist zu überwinden, dann stehen wir auf der mit Strandhafer bewachsenen Düne. Wir genießen den freien Blick auf Ostsee und Fehmarnsundbrücke. Nur leises Plätschern der Wellen ist zu hören.

In diesem Augenblick ertönen knatternde Motorengeräusche, begleitet von unerträglichem Benzingestank. Sofort kehren wir zur Promenade zurück. Keine fünfzig Meter entfernt parkt ein Elektrofahrzeug der Heiligenhafener Verkehrsbetriebe. Während ein Bediensteter mit dem Gebläse Laubblätter zusammenpustet, die vereinzelt am Wegesrand ein einsames Dasein fristen, wartet der Kollege auf seinen Einsatz, um den kleinen Haufen auf die Ladefläche zu befördern.

Zugegeben, die Geräuschpegel dieser Vehikel in benzingeschwängerter Luft sind uns ein Dorn im Auge, und wir bezweifeln die Effektivität ihrer Einsätze. Zu Recht. Wie wir auf dem Rückweg feststellen können, ist der Tross nur hundert Meter voran gekommen, während der Wind dafür sorgt, daß sich neues Laub wieder häuslich auf dem Weg niederläßt.

»Können Sie mit dem Monster auch fliegen?« fragt Begleiter Uli den Arbeiter und deutet auf den Rucksack, den der Mann auf dem Rücken trägt.

»Natürlich, ich bin damit von Fehmarn angereist.« Na, wenigstens hat er Humor.

Wir vergessen den Vorfall bis zum nächsten Tag. Dann

treffen wir an der angesteuerten Tankstelle auf ein gleichartiges Gerät, das mit Höllenlärm versucht, ein paar verträumte Blätter einzufangen.

Ich verkneife mir beim Bezahlen einen Kommentar. Zumal der Tankwart nicht sonderlich gut gelaunt scheint, denn er erwidert meinen Gruß nicht.

»Macht 49,40€. Sie haben doch nichts dagegen, die Summe aufzurunden und für die Aufforstung der Wälder zu spenden«, sagt er herablassend.

»Da müßte ich ja mit 'nem Klammerbeutel gepudert worden sein! Leisten Sie erst mal Ihren Beitrag zum Umweltschutz und säubern Ihre Rasenfläche mit einer Harke««

Die Wartenden hinter mir verfolgen den Dialog. Leider kann ich deren Reaktion nicht erkennen, das verhindern die vorgeschriebene Maskerade.

16. Unter'n Linden von Berlin

M*an muß jedem Tag einen Sinn geben«,* ein weiser Spruch. Wir nutzen ihn und das milde Wetter und fahren nach Berlin. Zuerst nach Tegel zum BVG-Laden, um Fahrscheine zu kaufen. Diesmal drehen wir den Spieß um. Die Frage des Angestellten:»Normale?« beantworten wir mit:»Nee, bekloppte.« Leider hat der Mann nicht den gleichen Humor wie seine Kollegin bei unserem letzten Besuch.

Für den nächsten Tag stehen die Baufortschritte bei Stadtschloß und anderen architektonischen Meisterwerken auf dem Programm.

Auf dem Weg zur U-Bahn treffen wir auf einen Schornsteinfeger.»Faß' ihn mal an«, rät Begleiter Uli,»das bringt Glück«. Vorsichtig zupfe ich an der Jacke des Mannes. Er lacht und gemeinsam wünschen wir uns Zufriedenheit für 2020.

Auf dem Bahnsteig ist Hochbetrieb. Gerade fährt der Zug ein, und die Massen stürmen los. Der erste Eingang ist überfüllt, ebenso der zweite. Wir hetzen zum dritten, aber da wuchtet gerade eine dunkelhäutige Zugereiste ihre noble Kinderkarosse in den Menschenpulk und verharrt ungerührt im Türbereich.

Eine Kopftuchträgerin mit Kind und wir quetschen uns resolut in den Waggon, als längst »zurückbleiben« angesagt ist. Unsere Mitstreiterin ist empört:

»Die bewegen sich keinen Zentimeter, obwohl der Mittelgang frei ist.« Wo sie recht hat, hat sie recht.

Friedrichstraße steigen wir aus und laufen bis zur Prachtallee »Unter den Linden.« Der Anblick ist enttäuschend, denn vor lauter Baucontainern und Absperrungen sind weder Linden noch historische Gebäude zu bewundern. Der hochmoderne Zugang zum Pergamon-Museum ist für uns eine Lachnummer. Vielleicht hätte er besser an die seitlichen Schießscharten des Stadtschlosses gepaßt.

Als wir nun unschlüssig an einer Ampel stehen, versammelt sich ein Trupp der Bundeswehr auf der gegenüberliegenden Straßenseite. Die Ampel wird grün. Etwa achtzig Leute in Uniform marschieren fast geräuschlos los, bis auf eine kleinwüchsige Hackengängerin, deren Absätze auf den Asphalt knallen und wohl den Takt angeben sollen. Einige der Männer sind farbenblind. Obwohl die Ampel längst rot ist, übt die Truppe den Schulterschluß.

Bei dem nun einsetzenden Nieselregen vergeht uns die Lust an weiteren Besichtigungen. Wir setzen uns in den 100er Bus und fahren zum Zoo. Mit demselben Fahrschein. Eben wie bei »Hop on – hop off« – nur billiger.

17. Rodeo-Fahrt nach Moritzburg

Ein Linienbus nach Schloß Moritzburg soll ab Bahnhof Neustadt fahren. Aber wo? Der Mann vom Informationsschalter schickt uns zu einer Haltestelle, an der bereits eine fünfzehnköpfige Wandergruppe ungeduldig wartet.

»Ist das die Station vom 326er« fragen wir unsicher.

»Ja, aber der ist schon seit einer viertel Stunde überfällig.«

Etliche Busse fahren vorbei, endlich hält einer. Der Fahrer, dunkelhäutig und mürrisch, studiert genauestens die Tickets aller Fahrgäste, womit er viel Zeit vertrödelt. Die will er jetzt aufholen. Er startet ruckartig, und im Handumdrehen erreicht das Gefährt eine ziemlich hohe Geschwindigkeit, die er auch nicht in der 30er Zone verringert.

Urplötzlich tritt er in die Eisen, die Hauptstraße ist nämlich halbseitig gesperrt. Anfänglich folgt er dem Umleitungsschild, das am Kreisverkehr steht, aber weitere ignoriert er.

Die einheimischen Fahrgäste sind etwas irritiert, lassen sich aber nicht aus der Ruhe bringen. »Der wird schon wissen, wo er hin muß.«

Zum zweiten Mal geht es jetzt am beflaggten Konsum vorbei, dann ist vor dem Turm in einer Sackgasse Schluß. Jetzt wundert sich auch die Wandergruppe. »Vielleicht ist das neuerdings ein Haltepunkt für Dorfbewohner«, ist zu hören.

Aber niemand steigt zu. Der Hamilton-Verschnitt wendet nun hektisch, die nächste Ausfahrt, ein schnöder Feldweg, ist seiner. Mit hohem Tempo will er den schleunigst überwinden, wobei er eine riesige Staubwolke produziert. Endlich ist es geschafft, und der Wirtschaftsweg eines Waldes beginnt.

Langsam wird die Gemeinde unruhig. »Ist das hier eine Geiselnahme?« fragen die Ängstlichen und »sind wir hier bei »Verstehen Sie Spaß?« die Abenteuerlustigen.

Ein Ortskundiger erbarmt sich und setzt sich in die erste Reihe. Nach seinen präzisen Anweisungen erreichen wir tatsächlich Moritzburg mit 30minütiger Verspätung.

Als sich der Reiseleiter der Wandergruppe lächelnd für die eindrucksvolle Panoramafahrt bedankt, erntet er bitterböse Blicke.

Übrigens – die Dresdener Verkehrsbetriebe suchen dringend Personal!

18. Ellenbogen ausfahren in Shanghai

Am Flughafen empfängt uns die deutsche Reiseleiterin mit ihrem chinesischen Fahrer. Nach Ankunft in unserer Luxusherberge steht wenig später ein Abendessen auf dem Programm.

Der Dritte in unserem Bunde, ein großgewachsener älterer Österreicher, läuft schon unruhig in der Hotel-Lobby auf und ab. Kurz nach der Begrüßung ist er, wir nennen ihn Hugo, verschwunden. Die Reiseleiterin entdeckt ihn schließlich nach längerer Suche dösend im Bus.

Unser Restaurant befindet sich im 9. Stock eines Kaufhauses. Vor zwei Lastenaufzügen in einem besenkammergroßen Verschlag, anscheinend einziger Zugang zur Gaststätte, warten etwa fünfzig Chinesen, die beim Öffnen der Türen ihre Ellenbogen ausfahren und die Kabinen stürmen, die dann zu überladen sind, um abzuheben. Was aber keiner einsieht, so daß die erste viertel Stunde verstreicht, in dem sich die Fahrstuhltür abwechselnd öffnet und schließt.

Eine Weile beobachten wir ungläubig das Geschubse, dann wird gehandelt. Bei Ankunft der nächsten, leeren Kabine sind wir zuerst drin. Sofort drängt die Meute hinterher, ein Signal kündet mit sirenenartigen Tönen die Überladung an, aber niemand steigt wieder aus. Die Tür geht zu. Im Zeitlupentempo sackt der Fahrstuhl in den Keller. Nach einigen Fehlversuchen bequemen sich sechs Leute, das Gefährt zu verlassen, und das Monster schüttelt uns endlich im 9. Stock aus.

Das Restaurant wird überwiegend von Einheimischen besucht und hat 360 Plätze. Tische und Fußböden sind übersät mit Hühnerknochen, Servietten und undefinierbaren Speiseresten, so daß wir Mühe haben, unser reserviertes Separee zu erreichen, ohne auszurutschen.

Wie in China üblich stehen die Gerichte auf einem Drehteller, also beginnen wir gleich mit dem Essen. Hugo meidet den Umweg über seinen eigenen Teller und ißt der Einfachheit halber direkt von den Servierplatten. Na servus!

Während sich die anderen, auch Fahrer Chen, bescheiden an einem Glas Bier festhalten, bestellen Hugo und ich Rotwein. Nach mehrfacher Aufforderung schenkt uns die Bedienung ein paar Tropfen ein. Obwohl Hugo weder chinesisch noch englisch spricht, verhilft er uns mit unmißverständlichen Drohgebärden zu vollen Gläsern.

Die als Dessert gedachte Pyramide aus kunstvoll geschnitztem Obst rührt niemand mehr an. Fahrer Chen lehnt empört das Ansinnen ab, die Früchte für seine Frau mitzunehmen. Dann würde er angeblich sein Gesicht verlieren.

Keine zehn Pferde bringen uns dazu, noch einmal den Fahrstuhl zu betreten. Die Reiseleiterin fordert einen Sicherheitsbediensteten auf, augenblicklich den Schlüssel für die Glastür zu besorgen, hinter der Rolltreppen unentwegt leer auf- und abrauschen. Als der Funktionär aufschließt, stehen wir bereits inmitten eines Pulks Chinesen, die auf uns einreden und dabei nickend lächeln.

»Sie bedanken sich, daß es Ihnen gelang, die Sicherheitstür öffnen zu lassen«, sagt Chen.

19. Obdachlos und kein bißchen einsam

Eigentlich habe ich kein Herz für Obdachlose. Nur damals in Berlins Süden empfand ich Mitleid mit einem ehemaligen Lehrer, dessen Schicksal mich berührt hatte. Er logierte vor dem Einkaufszentrum in der Johannistaler Chaussee.

Eine Bettelschale hatte er nicht aufgestellt. Weil er vor Schmutz starrte, warf ich ihm immer ein Markstück zu. Das fing er geschickt, jedenfalls vormittags. Meinem Begleiter Uli fehlte jedes Verständnis:

»Der kauft sich davon nur Schnaps.« Eines Tages war der arme Teufel von der Bildfläche verschwunden. Wie wir später aus der Zeitung erfuhren, war er erschlagen worden.

In unserem Studentenstädtchen begegnete man bisher keinem Wohnungslosen. Aber jetzt bin ich nicht mehr so sicher. Zwischen Parkanlage und Fußgängerzone steht eine Bank unter einer alten Kastanie. Ein etwa 70jähriger Mann ist seit längerer Zeit dort anzutreffen: Sauber gekleidet, gepflegter Bart, hört Musik und raucht Kette. Trolley und Reisetasche blockieren die Nebenplätze, die er aber eilfertig für gute Bekannte räumt. Nur viele leere Bierflaschen machen stutzig.

Jetzt hat der Herbst Einzug gehalten. Heute, zu früher Stunde, ist die Bank nicht mehr unter einem Pulk von Plastikplanen, Schlafsäcken und zwei aufgespannten Regenschirmen zu erkennen. Soeben schält sich der Schläfer aus der Höhle und klappt die Schirme zu. Er kramt eine rote Plastikschüssel aus einem Beutel, bestückt sie mit Kleingeld und platziert sie am Gehweg auf einem Karton. Dann begibt er sich schnellen Schrittes zum gegenüberliegenden Kiosk. Drei Männer, die sich dort einen Schluck unterhalten und schon mächtig im Tritt sind, begrüßen ihn mit frechen Sprüchen. Unser Freiluft-Camper bleibt keine Antwort schuldig, kauft sich einen Kaffee und kehrt zu seinem »Heimwesen« zurück.

»Wehe, du gibst ihm Geld«, warnt Uli.

»Was denkst du denn von mir!« antworte ich entrüstet.

Vielleicht demnächst, wenn Uli aufmerksam die Schlagzeilen der Tagespresse am Aushang des Zeitungsladens studiert.

20. Besuch beim Präsidenten von Namibia

Es herrscht brütende Hitze, als wir unsere Pension in der Heinitzburgstraße verlassen. Nach dem langen Flug wollen wir uns bewegen und zur Christuskirche, dem Wahrzeichen Windhoeks, laufen.

»Der Weg ist gefährlich, nehmen Sie ein Taxi«, rät die deutsche Wirtin, »ich rufe Ihnen einen Fahrer meines Vertrauens.« Aber wir – zwei furchtlose, weitgereiste Berliner – ignorieren diesmal alle Warnungen.

Keine Menschenseele ist auf den Straßen zu sehen, als wir in einem unübersichtlichen und schwerbewachten Villenviertel die Orientierung verlieren. Wir sprechen einen Wachposten an. Ohne zu antworten pfeift der Uniformierte zwei Kollegen herbei, und wir schauen verdattert in Mündungsläufe von drei MP's. In barschem Ton fordert man uns auf, die Straßenseite zu wechseln. Wir gehorchen sofort und rennen fast, bis wir auf spielende Kinder treffen, die uns die Richtung zeigen.

Ein paar Minuten später stehen wir endlich an dem berühmten Gotteshaus. Wir sind die einzigen Besucher, und die Kirche ist geschlossen. Als uns eine Horde aggressiv bettelnder Jugendlicher bedrängt, suchen wir schleunigst das Weite. Ohne fremde Hilfe finden wir den berühmten Meteoritenbrunnen und auch die legendäre Prachtstraße *Independence Avenue,* die bis 1990 Kaiserstraße hieß, erreichen wir ohne erzählenswerte Vorkommnisse.

Es ist Sonntag, und in der Stadt herrscht Friedhofsruhe. Wir defilieren gerade gemächlich an dekorativen Schaufenstern entlang, als sich drei schwarze Luxus-Limousinen in rasendem Tempo nähern und mit quietschenden Reifen in eine Nebenstraße schleudern.

Polizistinnen und Sicherheitsdienste blöken in Funkgeräte und während wir uns noch erschreckt die Augen reiben, erscheint der Konvoi erneut. Dreimal wiederholt sich der

Horror. Eine »Polizistin« klärt uns auf: Ein deutsches Film-team dreht vom Dach des Hochhauses einen Werbespot. Als wir ihr vom Erlebnis im Villenviertel erzählen, erfah-ren wir, daß wir am Sitz des Staatspräsidenten gestanden haben.

Die Neugier auf weitere Abenteuer ist uns für heute ver-gangen. Wir erinnern uns an das berühmten Restaurants *Gathmann* gegenüber dem ehemaligen Zoo. Nach hervor-ragendem Menue und exzellentem südafrikanischen Wein kehrt unsere Gelassenheit zurück. Am Abend treffen wir auf unsere Mitreisenden. Sie schwärmen von Stadtrund-fahrt, Museumsbesuchen und Käsekuchen in einem ge-mütlichen Café.

Wie langweilig, denken wir und sind unerklärlich zu-frieden.

21. Immer Ärger mit Radfahrern

Die Stadt Greifswald gewinnt zunehmend an Bedeutung im In- und Ausland. Das verdankt sie größtenteils ihrer Universität und deren Namensgeber Ernst Moritz Arndt. Auch für Studenten ist die Stadt anscheinend attraktiv, denn fast zehntausend sind eingeschrieben und beherrschen mit ihren Fahrrädern das Straßenbild.

Inzwischen belegen wir in der Statistik der Zweirad-Diebstähle einen der vorderen Plätze, und auch an vielen Unfällen sind die Biker nicht unschuldig. Natürlich können sie neben ihren Studienfächern nicht noch Verkehrsregeln büffeln. So fahren sie unbekümmert auf Gehsteigen, zu zweit oder dritt nebeneinander, freihändig, Kopfhörer an den Ohren, meist in falscher Richtung und diagonal über Kreuzungen. Selbst in der Fußgängerzone weichen sie keinem hinkenden Frosch aus.

Dazu stärkt der grüne Bürgermeister unermüdlich die Vorrangstellung der Radfahrergemeinde, seiner Wählerschaft. Sogar Metallornamente in Blätterform wurden als Trennlinie eingestanzt, um eine etwa sieben Meter breite Allee in Fuß- und Radweg zu teilen, deutlich sichtbar und hübsch anzuschauen.

Heute ist der Radweg menschenleer. Eine junge Frau mit Rasterlocken und Nasenringen möchte aber lieber den Fußweg benutzen. Auf ihrem rostigen Drahtesel hält sie direkt auf uns zu und streift den Arm meines Begleiters Uli.

»Das ist ein Gehweg«, ruft er ihr wütend nach.

Sofort hält hält sie an. »Meinst du mich?« fragt sie provozierend.

»Na, wen denn sonst?«

Sie zeigt den Stinkefinger und mit den Worten: »F ... dich, du Sau« schwingt sie sich in den Sattel und radelt akademischen Weihen entgegen.

Erst als wir uns längst wieder auf der Hauptstraße befinden, ist der Ärger verflogen. Bis ..., ja bis uns eine Radfahrerin, vollbeladen mit Einkäufen, rempelt. Ihr war entgangen, daß sie den rotgepflasterten Fahrradweg verlassen und auf den Gehweg geraten war. Das Handy hatte nämlich ihre volle Aufmerksamkeit beansprucht. Diesmal schütteln wir nur den Kopf und gehen weiter.

Im gleichen Augenblick hören wir es scheppern. Die Quasselstrippe ist gegen einen Laternenmast geprallt, vom Rad gefallen und liegt nun inmitten rollender Flaschen und Pizzapackungen auf dem Boden, das Handy hat es sogar bis auf die Fahrbahn geschafft.

Interessiert schauen wir ihr beim Einsammeln ihrer Quisquilien zu und sind plötzlich gut gelaunt. Schadenfreude ist uns völlig fremd. Aber manchmal lügen wir auch ein bißchen.

22. Senf-Attacke in Buenos Aires

Rezeptionist Carlos ist uns vertraut geworden während der letzten Nächte und Tage. In erster Linie wegen der Klimaanlage in unserem Zimmer, die kennt nämlich nur »zu heiß« oder »zu kalt«, lärmt wie ein landender Helikopter und kann ausschließlich vom Portier gesteuert werden. Zum anderen versorgt uns Carlos mit wertvollen Anregungen.

Heute steht die Besichtigung des »Teatro Colon« auf dem Programm.

»Laß die Handtasche im Hotel«, rät mein Begleiter Uli, als wir uns zu Fuß auf den Weg zum größten Opernhaus der Welt machen wollen.

»Da ist kein Geld drin, nur Notizblock und Kugelschreiber.«

»Glaubst du, Langfinger können hellsehen? Laß die Tasche hier.«

»Nö.«

Es ist Sonntag, früh am Morgen, *Avenida Cordoba* und der *Plaza Lavalle* menschenleer. Ein Prachtexemplar von Gummibaum inmitten der Parkanlage weckt unsere Neugier. Um den Durchmesser einschätzen zu können, schreitet Uli ihn ab.

»Achtundzwanzig Meter«, ruft er begeistert.

In diesem Augenblick stelle ich verwundert fest, daß sich die Leinentasche auf meinem Rücken befindet. Als ich sie vorziehen will, greife ich in eine kalte, glitschige Masse. Es ist Senf, der meiner Tasche nun eine braune Farbe verpaßt hat.

Schockiert zeige ich Uli das Desaster. Ihm ist sofort klar:

Hier wurde ein Überfall vorbereitet. Er ist stinksauer. Aber mehr über meine Beratungsresistenz als über den Vorfall an sich. Ich will seiner Meckerei ein Ende setzen, umarme ihn versöhnlich und siehe da ..., auch meine linke Hand ist jetzt voller Mostrich. Man hatte Ulis Gesäßtasche ebenfalls präpariert.

Ein argentinisches Ehepaar beobachtet unsere Reinigungsversuche.

»Sie haben großes Glück gehabt. Demnächst hätten scheinbar freundliche junge Männer Sie auf die Flecke aufmerksam gemacht, irgendwelche Tücher hervorgezaubert und unter eifrigem Wischen alle Wertsachen entwendet.«

Mehr erleichtert als frustriert kehren wir ins Hotel zurück. Hier treffen wir auf einen anderen Deutschen: Mostrichflecken auf der Hose und frische Schrammen im Gesicht.

»Sind Sie überfallen worden?« fragen wir ahnungsvoll.

»Ja«, antwortet der sportliche Bayer grimmig, »aber heute hat der Bengel nichts erbeutet.«

»Heute?« fragen wir verblüfft.

Der Bayer nickt. »Ich bin gestern Nachmittag beraubt worden. Ehe ich mich versah, hatte man mir die Geldbörse gestohlen. Heute habe ich schnell reagiert, und der Ganove wird jetzt seinen Kumpanen sein blaues Auge erklären müssen.«

Wir berichten ihm von unserer unangenehmen Überraschung am Vormittag und beschließen, erst einmal gemeinsam an der Bar ein Glas auf unseren Schutzengel zu trinken.

Aber erst viele Gläser später schaffen wir es, wieder zu lachen, und auch dann nur mit zusammengebissenen Zähnen.

23. Beobachtungen im Supermarkt

Der Laden ist heute proppevoll, sorgt aber rasch für gereizte Stimmung. Warenlieferungen auf Euro-Paletten versperren die Gänge, die zierliche Angestellte ist mit dem Auspacken der Ware überfordert und die Regale halbleer. Genervte Kunden müssen ihre Einkaufswagen an den Hindernissen vorbeiquetschen, und vor der einzigen Kasse herrscht Ausnahmezustand.

Mit unseren wenigen Artikeln stellen wir uns hinten an und üben Gelassenheit. Provozierend langsam zieht die Kassiererin die Artikel über die Registrierung, und auch zeitraubende Kartenzahlerei mit vergessenen Pin-Nummern läßt die Warteschlange rapide anwachsen.

»Öffnen Sie gefälligst eine zweite Kasse«, knurrt jemand ungehalten. Vergeblich.

Endlich sind wir an der Reihe. Nur noch ein etwa 50jähriger Mann ist vor uns, dessen zahlreiche Einkäufe jetzt das Band zuparken. In Ermangelung einer sinnvollen Beschäftigung mustern wir die Besorgungen. Außer hochpreisigen Spirituosen und Rotweinflaschen gibt es Käsespezialitäten, feinen Wildlachs, Konserven und vieles mehr. Erst als er alles in einer Einkaufstasche auf Rädern verstaut hat, zückt er sein Portemonnaie und reicht der Kassiererin einen Zwanzig-Euro-Schein. Sie bedankt sich, tippt die Summe ein, die Kasse öffnet sich.

»Sechs Euro zurück und Ihr Kassenbon. Einen schönen Tag noch.«

Wir sind plötzlich hellwach. Dieser Einkauf soll nur 14 Euro gekostet haben? Das ist schon der Wert des Cognacs! Auf dem Rückweg diskutieren wir kurz und setzen zu

Hause unsere Entscheidung um. In einer e-mail schildern wir der Zentrale den Vorgang mit Datum, Uhrzeit und Nummer unseres Kassenbons und nennen die Namen der Produkte. Ein wenig Stolz auf unser gutes Gedächtnis ist natürlich dabei.

Eine Stunde später klingelt das Telefon. Dankbarkeitsbezeugungen für unsere Aufmerksamkeit und die eindringliche Bitte, weiterhin Vorkommnisse dieser Art zu melden. Nur so könne man der sich häufenden Diebstähle Herr werden.

Und dann ...!

»Wir haben selbstverständlich Ihre Angaben überprüft. Alle von Ihnen genannten Posten sind ordnungsgemäß gebucht, es konnte kein Fehler gefunden werden. Aber nochmals vielen Dank.«

Zuerst sind wir fassungslos, dann belustigt. Eigenartigerweise haben wir die Kassiererin nie wieder gesehen. Auch der Marktleiter ist jetzt ein anderer.

24. Entspannter Sonntagsausflug auf der Autobahn

Die Autobahn im Südwesten ist stark befahren, und eine Großbaustelle von mehr als zwanzig Kilometern mit je zwei Richtungsfahrbahnen verhindert schnelles Vorankommen.

Wir bleiben geduldig rechts, als unvermittelt ein bisher ruhig vor uns herfahrender roter Kleinwagen ausschert. Der Fahrer der abgedunkelten S-Klassenlimousine mit aufgemotzten Felgen auf extrabreiten Reifen neben uns steigt voll in die Eisen. Rauchschwaden vernebeln das Umfeld. Wahrscheinlich haben die Reifen des Luxusschlittens jetzt vier Glatzen. Ungerührt setzt der Kleinwagen seine Fahrt fort, und wir verlieren beide Fahrzeuge aus den Augen. Hut ab vor dem Reaktionsvermögen des Bremsers, er hat uns und andere Verkehrsteilnehmer vor einem Unfall mit vielleicht dramatischen Folgen bewahrt.

Geraume Zeit später nähern wir uns im Schritttempo einem Nothaltepunkt unter einer Brücke. Vor dem roten Kleinwagen parkt die S-Klasse. Dessen Fahrer drischt wie wild mit einem Wagenheber auf das Seitenfenster der »überdachten Zündkerze mit Hupe« ein, splitterndes Glas fliegt durch die Luft, der Insasse ist unsichtbar. Wir müssen weiterfahren, und die Verkehrsdichte erfordert unsere gesamte Aufmerksamkeit.

Einige Zeit danach, die Autobahn ist längst frei, wundern wir uns über drei Männer, die fünfzig Meter von einer Brücke entfernt einen steilen Abhang hinunter klettern. Merkwürdig, wo wollen die denn hin? Wir vergessen den

Vorfall bis das Radioprogramm durch eine Ansage des Bayerischen Rundfunks unterbrochen wird:

»Banküberfall in Nürnberg. Drei Täter auf der Flucht, könnten in Richtung Autobahn unterwegs sein. Sachdienliche Hinweise ...«

Etwas verunsichert wählen wir den Notruf und schildern unsere Beobachtungen. Polizeibeamte melden sich danach und fragen nach weiteren Einzelheiten.

Wir wissen nicht, ob unsere Hinweise hilfreich waren, sind aber erstaunt, wieviel das Unterbewußtsein in Sekundenschnelle abspeichern kann: Farbe und Art der Bekleidung, Kopfbedeckung oder Haarfrisur, Bewegungsablauf usw. Hätten wir nicht für möglich gehalten.

25. Impressionen aus Nordkorea

Eine Reise nach Nordkorea ist mein großer Wunsch, nachdem ich *Kim und Struppi* verschlungen habe«, verrät die Stewardess und versorgt uns weitsichtig mit zwölf kleinen Marmeladengläsern.

Da die Einreise über China erfolgt und die nordkoreanischen Fluggesellschaften wegen gravierender Sicherheitsmängel in Europa keine Landeerlaubnis erhalten, haben wir uns für die 24stündige Zugfahrt von Peking nach Pjöngjang entschieden. Hier wird unsere vierköpfige Gruppe am Hauptbahnhof von von Reiseleiterin Sury, »Bewacher« Han und Fahrer Kim empfangen und zum Hotel Yanggakdo gebracht. 46 Stockwerke und ein Drehrestaurant liegen abgeschottet auf einer Insel des Flusses Taedong.

Das Foyer wimmelt vor Menschen. Hauptsächlich sind es Jugendgruppen, die hier zu Sportveranstaltungen anreisen, Chinesen und Offizielle. Die sind an Abzeichen mit den Köpfen von Großvater und Staatsgründer (Kim Il-sung) und Vater (KimJong-il) zu erkennen. Über einen riesigen Bildschirm flimmern Propagandafilme bei Marschmusik, im Mittelpunkt Kim Jong-un mit ausgestrecktem Arm und einfältigem Grinsen. Plötzlich ruft Bewacher Han »that is my father« und zeigt auf einen Funktionär neben dem jungen Führer steht.

Am Abend ist für uns vier allein ein Tisch im Souterrain eines Raumes reserviert, der fünfzig Personen Platz bietet. Sury erscheint nur kurz, um uns das Programm für den nächsten Tag zu erklären.

Frühstück wird im Drehrestaurant serviert. Kurioserweise dreht sich nur die Glasfront mit Konsole, auf der ich meine Handtasche abstellte. Es fällt uns erst auf, als ein Amerikaner mit meiner Tasche erscheint, die seinen Tisch passiert hatte. Überwiegend chinesische und wenige westliche Touristen behalten also ihre Aussicht.

Zweimal pro Woche ist das Mausoleum, in dem Großvater und Vater einbalsamiert und aufgebahrt sind, für ausgewählte Gruppen geöffnet. Die Fahrt führt über die Autobahn. Die vierspurigen Fahrbahnen ohne Mittel-Leitlinie, sind eine einzige Buckelpiste mit gefährlichen Schlaglöchern und eingerahmten Baustellen. Die Verkehrsteilnehmer, auch der Gegenverkehr, suchen die für sie günstigste Position aus. Offene Lastwagen, auf deren Ladefläche Soldaten dichtgedrängt transportiert werden, atmen unmittelbar hinter dem Holzkohlenofen, den wir nur von den Erzählungen unserer Eltern kennen, Rauchschwaden ein.

Kinder zwischen drei und fünf Jahren spielen ohne Aufsicht am Wegesrand. Die älteren entfernen Unkraut oder verteilen weiße Kieselsteine zwischen buntblühenden Blumen, denn anstelle von Leitplanken hatte man als Fahrbahnbegrenzung Cosmea (Schmuckkörbchen) gepflanzt.

Der ehemalige Palast der Republik ist dagegen eine Gartenlaube. Kontrollen wie im Hochsicherheitstrakt eines Zuchthauses einschließlich Luftschleuse und Körperscanner. Ein Spalier von Angestellten, das aufgrund seiner Ausstattung einem Fünfsterne-Hotel vorstehen könnte, und strammstehende Gardesoldaten beobachten jede Bewegung.

Wir werden auf ein hochmodernes, etwa 300 m langes Rollband verschubt mit Aussicht auf einen malerischen Kanal, Weinreben als Außenzaun, Flugplatz mit Dauerflugbetrieb und einen hochherrschaftlichen Park mit akribisch frisierten Figurenbäumen.

Und dann betreten wir die erste Halle. Vor uns sind die

in Bussen hergekarrten Frauen in ihren bunten Trachten, die sich nun vor dem Großvater verneigen und theatralisch in ihr Taschentuch schluchzen, das einzige Utensil, dessen Mitnahme gestattet ist.

Gleiches Procedere in der zweiten Halle, die die Leiche des Vaters beherbergt, gleiches Procedere in der dritten, in der beide als Wachsfiguren von den Sockeln grüßen. Es folgen Säle mit Orden an schweren Goldketten, Ehrendoktorwürden, Ausstellung der Luxuswaggons, die von den Führern zu Lebzeiten benutzt wurden. Sogar zwei gepanzerte Mercedes-Limousinen sind dabei. Unzählige Gemälde an den Wänden, die nur ein Motiv haben: Die selbstgefälligen wächsernen Gesichter der »Wohltäter« mit ihrem ewig gleichen Kukidentgrinsen.

Irgendwann hat die Farce ein Ende, und wir sind sprachlos und wütend bei dem Gedanken an das hungernde Volk,

Stromsperren und Mangelwirtschaft. Die Menschen, die wie Ameisen die Straßen bevölkern, sind dünn und ernst. Niemand spricht, lächelt oder erwidert unseren Gruß.

Kinderspielplätze ohne Kinder, Achterbahn und Riesenrad stehen still. »Es ist schon Feierabend«, sagt Sury. »Nachmittags um vier?« fragen wir verständnislos. Sie zuckt mit den Schultern.

Neun Tage werden wir im Land herumgefahren. Welche Eindrücke bleiben? Wenn einer eine Reise tut, dann kann er was erzählen ... Aber um Nordkorea zu erkunden, muß die Neugier größer sein als die Bequemlichkeit, der Wille zum Abenteuer stärker als das logische Denken und der Hang zum Widerspruch geringer als der Zwang zur Anpassung.

26. Zugfahrt nach Greifswald

Die Strecke Hamburg – Greifswald wird nur von »Ferkeltaxen«, wie Regionalzüge von Berlinern genannt werden, bedient.

Wir treffen viel zu früh am Hamburger Hauptbahnhof ein. Begleiter Uli zieht los, um eine Zeitung zu kaufen, nachdem er Koffer und mich auf einer freien Bank deponiert hat.

Mein Umfeld läßt keine Langeweile aufkommen: Dicke Gestalten mit verfilzten Zöpfen und phantasievoller Tätowierung, Raucher, Trinker, Bettler, Flaschensammler, alles vertreten.

Plötzlich steht ein schlacksiger, dunkler Typ vor mir und fragt in gebrochenem Deutsch: »Hier frei?«. Er nimmt Platz, ohne meine Antwort abzuwarten und ich sehe aus den Augenwinkeln, daß er zwei Kumpanen ein Zeichen gibt. Die lassen sich dicht hinter mir nieder. Instinktiv halte ich beide Koffer fest und bin erleichtert, als Uli auftaucht und gleichzeitig der Zug einfährt.

Die 1. Klasse befindet sich in der oberen Etage. Das Abteil ist leer, bis auf einen jungen Mann, der die Abfallbehälter durchstöbert. Zunächst genießen wir die Ruhe, besonders beim Anblick zahlreicher Rucksackreisender mit Campingausrüstung. Die bevölkern nun die Fahrradabteile.

Der friedliche Zustand findet ein jähes Ende, als ein Ehepaar mit zwei Sprösslingen, Beuteln, Taschen und Kästen die Treppe erscheint und sich hinter, neben und vor uns häuslich einrichtet.

Innerhalb von zehn Minuten liegen ausgewickelte Brötchen, bunte Trinknäpfe, Apfelsaftflaschen, Handys, dickrahmige Kopfhörer, Plüschtiere, Spielekonsolen, Kleinflugzeuge, Buntstifte und Malbücher auf schmalen Tischen zwischen Zweiersitzen. Die Kleinen fangen an zu spielen und zu zanken. Den Satz »psst, nicht so laut« hören wir in der nächsten Stunde gefühlte fünfhundert Mal. Sind eben Glückskinder. Die haben Glück, daß wir nicht die Eltern sind.

In Rostock steigen wir in den wartenden Zug nach Stralsund. Er rührt sich nicht von der Stelle. Endlich erfolgt die Durchsage, daß sich die Abfahrt um zwanzig Minuten verzögert, weil der Zugführer nicht erschienen ist. Und: »Bitte achten Sie während dieser Verspätung verstärkt auf Koffer und Handgepäck.« Vielleicht ein guter Rat, denn ein verwahrloster Jugendlicher schlendert den Gang entlang und fragt die Reisenden: »Entschuldigung, haben Sie vielleicht zwei Euro für ein Brötchen?« Niemand zückt seinen Geldbeutel.

Bis Stralsund hören wir noch zehn weitere Gründe, warum wir mit fünfzig Minuten Verspätung ankommen werden. Unseren Anschlußzug nach Greifswald erreichen wir problemlos. Der fährt nämlich jede Stunde.

27. Begegnungen der anderen Art

Wir wundern wir uns über den jungen Mann, der alle paar Meter vom Fahrrad springt, die Uferböschung am Ryck zwischen Greifswald und Eldena hinunterklettert und irgendetwas zu suchen scheint.

»Wollen Sie die Fische mit Händen fangen?«, fragen wir neugierig.

Der gutgekleidete Mittzwanziger schüttelt den Kopf und deutet auf einen Plastikbehälter, der prall gefüllt auf dem Gepäckständer seines edlen, gepflegten Drahtesels verstaut ist.

»Nein, ich sammle jeden Montag das Leergut der trinkfreudigen Angler auf. Die sind zu faul, die Flaschen zurückzutragen. Sie werden es kaum glauben, aber dieser eine Morgen pro Woche bringt mir 30 bis 50€ ein, fast 1.000 € befinden sich schon auf dem Sparbuch meiner kleinen Tochter.« Unsere Hochachtung hat er.

Der Weg zum Markt führt an einem Sportplatz und einer Parkanlage vor der ehemaligen Mensa vorbei. Ein grünes Plastik-Krokodil, etwa 15 cm lang mit weit aufgerissener Schnauze, liegt neben einer Bank. Die roten Augen scheinen mich anzulachen. Ich nehme es mit.

Der Markt ist heute gut besucht, aber der Fischstand unbesetzt. Vor den Auslagen hüpft ein etwa 15-jähriges Mädchen (oder Junge?) auf und ab, Mund und Nase vorschriftsmäßig verhüllt.

»Der Verkäufer ist auf dem Rathaus, er kommt gleich wieder,« sagt sie, als sie meinen suchenden Blick bemerkt.

Ihr Anblick ist gewöhnungsbedürftig: Der Schädel an den Seiten rasiert und tätowiert, der langhaarige, grüngefärbte Mittelstreifen endet mit einem Pferdeschwanz. Braune Augen schauen mich offen und zutraulich an.

»Bist du ein Junge oder ein Mädchen?«, frage ich unsicher.

»Transe«, antwortet der Teenager selbstbewußt, »in ein paar Jahren lasse ich mich operieren und bin dann ein Mann.«

Sie nimmt die Maske ab. »Sehe ich nicht eher wie ein Junge aus?«

Ich mustere sie genauer. »Ja, eigentlich schon ...«

»Das freut mich, daß Sie das zugeben.« Gegen meine Überzeugung fasziniert mich ihre kindliche Unbekümmertheit.

Die Begegnungen versetzen mich in eine nachdenkliche Stimmung. Zum Glück werde ich vom Krokodil, das jetzt auf dem Schreibtisch ein Zuhause gefunden hat, in die Normalität geholt. Aber was ist schon normal?

28. Kaffee aus Togo

Wir sind der englischen Sprache mächtig, aber die Überfrachtung unseres Alltags mit eingedeutschten Anglizismen, wie »gecoacht« oder »geflasht« geht uns gegen das Gefieder. Besonders, seit unsere englischen Freunde bei ihrem Besuch verwundert feststellten, daß ihnen der Sinn mancher Ausdrücke verborgen bleibt.

Um etwas zu verändern, traten wir dem Verein »Deutsche Sprache« bei. Jahrelang bombardierten wir Firmen mit Beschwerdebriefen, meist sachlich, manchmal angriffslustig, wurden aber zunehmend in die Ecke der ewig Gestrigen mit rechter Gesinnung geschoben. Wir verließen den Club wieder, blieben aber wachsam.

Nach der Wende lernten wir eine Familie aus Wismar kennen und beklagten den Verfall der Sprachkultur in Westdeutschland. Sie waren erstaunt:

»Ihr seid doch auch infiziert und benutzt oft englische Begriffe.«

Wir versprachen Besserung. Als in unserem beschaulichen Städtchen in der ehemaligen DDR das soundsovielte Studentencafé eröffnet, schauen wir dem ergrauten Wirt beim Bekleben seiner Eingangstür zu. »Coffee to go« prangt auf dem Plakat.

»Sieh' mal«, sagt Begleiter Uli, »hier gibt es sogar Kaffee aus Togo.«

Der Gruftie schnellt herum. »Das heißt *Coffee to go* und bedeutet »Kaffee zum Mitnehmen«, belehrt er uns herablassend, »Sie sollten englisch lernen.«

Wir bedanken uns artig für den Hinweis.

Vor einer Parfümerie steht ein Schild: *Come in and find*

out. Wir fragen die Verkäuferin auf englisch nach einem Rasierwasser. Sie versteht kein Wort und ruft eilfertig den Chef. Der bemüht sich, höflich zu bleiben.

Zugegeben, Selbstvertrauen ist schon nötig, hörbaren Spott zu ertragen, wenn wir in öffentlichen Verkehrseinrichtungen englische Begriffe von den Wänden ablesen und laut falsch aussprechen.

Jetzt haben wir kapituliert und nehmen uns vor, unser Wissen offen zur Schau zu stellen.

»How up do high knee« steht in Großbuchstaben auf der Heckklappe unseres Autos. Manchmal ärgern uns Verkehrsteilnehmer, die zu dicht auffahren. Aber wenn sie uns dann lachend zuwinken, haben sie den Satz verstanden.

»Hau ab du Heini«.

29. Teezeremonie in Shanghai

Wir, zwei weitgereiste, mit allen Wassern gewaschene, ausgeschlafene Berliner verlassen unsere Shanghaier Luxusherberge zur Mittagszeit. Es ist unerträglich schwül. So »diskutieren« wir an einer Kreuzung über Stadtrundgang oder Rückkehr ins Hotel. Freundlich ausgedrückt. Ein junges Pärchen beobachtet uns eine Weile und spricht uns in vorzüglichem Englisch an:

»Sind Sie aus Deutschland?«

Sofort entwickelt sich ein lebhaftes Gespräch. Unsere Planlosigkeit ist wie weggeblasen, denn »Tiffiny« und »Chen« laden uns zu der berühmten Teezeremonie ein, die, keine hundert Meter entfernt, in einem kleinen, tiefer gelegenen Laden stattfindet. Wir werden in den hinteren Raum geführt, pieksauber, etwa fünf qm groß, mit handgeschnitzten Möbeln. Drei Chinesinnen im traditionellen Hanfu-Gewand beginnen, stilvoll und informativ, mit der Zeremonie.

Tiffiny übersetzt. Wir dürfen vier Teesorten probieren und freuen uns so über diese schöne Tradition, daß wir Tiffiny und Chen anbieten, die Vorführung zu bezahlen.

Es wird uns eine Rechnung über einhundertzwanzig Euro präsentiert. Unser Protest prallt wirkungslos an den Chinesen ab, auch das Argument, eine Fabrikarbeiterin würde diese Summe nicht in einem Monat verdienen, zieht nicht. Wir beschließen, die Summe zu begleichen und unter »Kollateralschaden« abzubuchen. Wir zahlen bar, da die Kreditkarte trotz mehrfacher Versuche nicht akzeptiert wird.

Plötzlich haben es alle eilig, uns loszuwerden. Ungeduldig dirigieren sie uns durch den Hintereingang. Eine halboffene Stahldrehtür, wie in Fußballstadien, führt zunächst über unübersichtliche Hinterhöfe, dann aber zurück auf die Hauptstraße. Tiffiny und Chen telefonieren hektisch und folgen uns. Plötzlich ertönen von hinten laute Rufe. Eine etwa 40jährige Frau und zwei junge Männer holen uns ein und fragen in holprigem Englisch:

»Waren Sie mit diesen Leuten bei einer Teezeremonie?«

»Ja«.

»Was haben Sie bezahlt?«

»Einhundertzwanzig Euro«.

»Diese Leute sind kriminell und arbeiten für eine Bande. Ich hole jetzt die Polizei und verhelfe Ihnen dazu, Ihr Geld zurückzubekommen. Sind Sie einverstanden?«

Wir nicken dankbar und warten. Tiffiny keift wie ein Waschweib, will der Frau das Handy entreißen und fängt sich warme Ohren. Wir harren mit offenen Mündern der Dinge, die da kommen. Inzwischen sind wir von etwa hundert Neugierigen umringt, die uns Langnasen bestaunen wie Pandabären im Zoo.

Von beiden Seiten nähern sich Polizisten auf Motorrädern. Sie fahren mit Blaulicht auf dem Gehweg, halten dicht vor uns. Die Chinesen schnattern aufgeregt auf sie ein, wir verstehen nur »Bahnhof«. Und dann taucht auch noch ein Streifenwagen mit zwei Beamten auf, von denen einer englisch spricht.

Wir erklären die Lage.

»Finden Sie den Laden wieder?«, fragt der Beamte.

»Ja.«

Der gesamte Troß setzt sich nun in Bewegung. In der Teestube steht der Besitzer mit seiner Gehilfin, der Polizist hält in scharfem Ton eine kurze Ansprache, die Chinesin zieht unser Geldscheine aus der Hosentasche, reicht sie uns und wir verlassen das Etablissement. Auf dem Weg zum Funkwagen bedanken wir uns bei unserer Helferin herzlich, aber die muß nun zu Tiffiny, die bereits auf dem Rücksitz wütend randaliert, in den Funkwagen steigen.

Wir kehren in unser Hotel zurück und gönnen uns auf den Schreck ein vorzügliches Menue. Nach dem Genuß einer Flasche chilenischem Cabernet Sauvignon lachen wir über das Abenteuer. Na ja, aber sehr fröhlich klingt es nicht.

Zur Sicherheit lassen wir uns von der Rezeption die Adresse der Polizei aufschreiben. Wer weiß, vielleicht hat die Kreditkarte dort funktioniert.

30. Mein Berlin im Wandel

Wieder einmal treibt uns die Sehnsucht nach Berlin. Diesmal wollen wir nach Neukölln, genauer gesagt: in die Falk- Ecke Kopfstraße, wo ich aufgewachsen bin.

Zuerst zum Fahrkartenverkauf.

»Möchten Sie A/B-Scheine?«

»Sind das normale?«

»Natürlich. Bekloppte haben wir nicht.«

Ehe wir die U-Bahn erreichen, spricht uns ein junger Mann an.

»Haste mal 1,50 Euro für 'n Kaffe?« Nö.

Das Publikum in dem vollen Abteil ist gewöhnungsbedürftig. Uns gegenüber nagt ein gutgekleideter Mittfünfziger an einer Pizza und schaut der Scheibe Salami hinterher, die ungehindert auf den Boden segelt. An der nächsten Station quetschen sich zwei Jungs mit ihren Fahrrädern an einer Gruppe Mädchen vorbei. Die Kopftuchträgerinnen kichern verschämt, während sie unbekümmert Nudeln aus Pappbechern mit chinesischer Aufschrift fischen. Die anderen, meist dunkelhäutigen Fahrgäste ängstigen uns nicht. Sie wischen über ihre Displays oder telefonieren lautstark in fremden Sprachen und würdigen uns keines Blickes.

Hermannplatz steigen wir aus und benutzen die Rolltreppe Richtung Karl-Murks-Straße. Am oberen Ende hält sich eine etwa Sechzehnjährige mit Rastalocken und zerrissenen Jeans auf und sperrt mit ausgestrecktem Bein den Ausgang. Die Stufen werden flacher, meine Konzentration steigt und als sie den Fuß nicht wegzieht, trete ich ihr auf den Spann. Sie hüpft vor Schreck zur Seite und ruft uns unflätige Ausdrücke nach.

Etwa zwei Kilometer sind es bis zur Kopfstraße, dann geht es nach links. Das Straßenschild beweist, daß wir hier richtig sind. Um es vorwegzunehmen: Ich erkenne nichts wieder. Die Gründerzeitbauten sind seelenlosen Massenquartieren mit Tiefgaragen gewichen. Auch die umliegenden Straßen scheinen den Verlauf geändert zu haben.

Enttäuscht treten wir die Rückfahrt an mit ähnlichem Publikum. Renate Künast steigt zu und fährt bis zur Friedrichstraße mit. Wenigstens ist sie mit öffentlichen Verkehrsmitteln unterwegs und nicht im gepanzerten Dienstwagen.

31. Gauklerfest im Schwarzwald

Das Gauklerfest in der kleinen Schwarzwaldgemeinde erfreut sich großer Beliebtheit. Alle Altersklassen nehmen lange Anfahrtswege in Kauf, denn für jeden Geschmack ist gesorgt. Riesenrad, Autoscooter und Kinderkaroussels sind ebenso dabei wie Blaskapellen in Bierzelten, Klezmer-Klänge, Rap und Schwyzer Guggenmusik. Uns hat es besonders ein Elvis-Presley-Interpret angetan, den man allerdings diesmal stiefmütterlich in eine abgelegene Ecke verbannt hatte. Entsprechend der Inhalt seiner Sammelbüchse, in der sich unter unserem Fünfer nur ein paar Münzen verbergen.

Wie schon in den vergangenen Jahren wollen wir einen Puppenspieler begrüßen, der mit Marionetten phantastische Geschichten erzählt. Aufgrund einer gewissen Ähnlichkeit nennen wir ihn »Einstein«. Er hatte viele Jahre seines Lebens in Kapstadt als Geschäftsführer eines Textilbetriebes gearbeitet und nach Erreichung des Rentenalters beschlossen, in die Heimat zurückzukehren. Da keinerlei Bindung mehr nach Deutschland bestand, schlug er einen Atlas auf, und die Ehefrau tippte mit geschlossenen Augen auf die Stadt Konstanz.

Hier begann er – mit viel Liebe zum Detail – Marionetten von Hand zu fertigen, und lernte, mit ihnen zu spielen. Sein Umfeld war begeistert. Man riet ihm, auf Märkten kleine Episoden aus dem täglichen Leben vorzuführen. Der Erfolg ließ nicht lange auf sich warten, sogar auf das Gauklerfest in Berlin wurde er eingeladen. Käuferwünsche gingen ein, obwohl seine Preise sehr hoch waren.

Auch wir waren von seinen Darbietungen so fasziniert,

daß wir – gegen jede Absicht und Vernunft – nicht nur den ungarischen Geiger, sondern auch noch Max und Moritz erwarben.

Heute finden wir ihn, wie immer an seinem gewohnten Platz in einem Hausflur. Er unterhält sich angeregt mit einem etwa 20jährigen jungen Mann, der ihm gerade einige Geldscheine überreicht, ihn umarmt und von dannen zieht. Ohne Ware.

»Hat er eine Marionette gekauft?« fragen wir neugierig.

Einstein lacht. »Das ist eine lustige Geschichte. Vor einigen Wochen schaute mir der Junge auf einem Jahrmarkt zu. Während ich mit Räuber und Prinzessin spielte, griff er plötzlich nach dem Clown und fügte sich mit so viel Phantasie und Einfühlungsvermögen in die Vorstellung ein, daß die Kasse klingelte wie noch nie. Als ich ihn fragte, ob er die Marionette kaufen wolle, lehnte er traurig ab. Als Student käme er gerade so über die Runden. Ich vertraute seinem

Talent und meiner guten Menschenkenntnis und bot ihm an, den Clown mitzunehmen und das Geld zu überweisen. Irgendwann. Heute brachte er es und verkündete stolz, daß er bereits nach einer Woche die Summe beisammen hatte.«

Wir freuen uns für ihn mit. Was ist sonst noch zu berichten? Ach ja, einen Clown besitzen wir nun auch noch.

32. Dixie und Voodoo-Kult in New Orleans

Als unser Schiff das Delta verläßt und in den stark befahrenen Mississippi einläuft, wird seine enorme Strömung spür- und sichtbar. Vor uns setzt nämlich ein Schubverband vierundzwanzig Bartschen mit großer Mühe schräg in die Uferböschung und »parkt« sie bei laufender Maschine für die nächsten Stunden gegen die Strömung.

Unser Liegeplatz befindet sich in der Nähe des berühmten French Quarters. Berichte nach dem Wüten des Hurricans Katrina ließen uns zweifeln, noch viel vom Zauber der Jazz-Metropole vorzufinden. Wir werden eines Besseren belehrt.

Wer eine Flaniermeile erwartet, wird allerdings enttäuscht. Reparaturbedürftige, schachbrettartig angelegte Straßen beherbergen Hotels, Restaurants, Kunstgalerien und Antiquitätenläden. Natürlich sind die berühmten, über hundert Jahre alten Häuser mit schmiedeeisernen Balkonen und überquellenden Blumenarrangements eine Augenweide, aber das Leben, das sich auf den Bürgersteigen abspielt, ist nichts für schwache Nerven: Pralle, kreolische Frauen, gegen Hauswände gelehnt, kiffen ungeniert, prosten durchgeknallten Clowns zu, die auf der anderen Straßenseite Kunststücke vorführen.

Wahrsagerinnen und Porträtisten, Könner ihres Fachs, bieten ihre Dienste an und Typen jeden Alters und Hautfarbe bitten mehr oder weniger aggressiv um eine milde Gabe. Voodoo-Läden in dichter Reihenfolge werben phantasievoll für erfolgreiche Rachehandlungen. Kaum können wir uns durchringen, unseren Weg fortzusetzen. Die Sinne sind geschärft, man möchte verweilen, hat aber gleichzeitig Angst, etwas zu versäumen.

Alle paar Meter haben verrückt gekleidete, rastalockenbezopfte Männer und Frauen Banjos, Klarinetten, Gitarren und sogar weißgetünchte Susaphone in Stellung gebracht. Dixie-Klänge vom feinsten erinnern an Louis Armstrong und Sidney Bechet, deren Heimat New Orleans war. »Basinstreet is the street ...«

Ein paar Straßen weiter wird die Gegend seriöser. Hier wird emsig renoviert, und viele Häuser stehen zum Verkauf.

Leider ist der berühmte Friedhof St. Louis Cemetery in der Basinstreet, angelegt 1788, für spontane Besuche gesperrt. Hier liegt die geheimnisumwitterte Voodoo-Königin Marie Laveau begraben. 2013 wurde das Grab geschändet, man macht die Feinde ihres religiösen Geheimkults dafür verantwortlich.

Viele glauben an übersinnliche Kräfte der Dame. Ich natürlich nicht, zumindest würde ich es nie zugeben. Und 25 Dollar will auch ich nicht opfern, um einer präparierten Puppe einen Namen zu verpassen und sie später mit bösen Wünschen im Meer versenken.

Obwohl – Kandidaten wüßte ich genug.

33. Ferienidylle im Fischerort

Der einstmals beschauliche Fischerort hatte sich im Laufe der Zeit dem allgemeinen Trend angepaßt und – wie überall an der holsteinischen Ostseeküste – jedes noch so kleine Fleckchen Erde bebauen lassen. Häuser im Stil amerikanischer Holzbauweise, die auch gut in die Neuengland-Staaten passen würden, treffen nicht immer den Geschmack der Einheimischen, aber die wurden von den ortsfremden Investoren ohnehin nicht um ihre Meinung gebeten. Den Feriengästen scheinen die Holzstelzen-Balkone zu gefallen, wie steigende Gästezahlen beweisen.

Sogar jetzt, im Spätherbst, herrscht noch lebhafter Betrieb. Jedenfalls was Autos und Wohnwagen angeht. Die Stadt stellt nämlich ein riesiges Parkareal zur Verfügung, in exponierter Lage, direkt am Binnensee. Hier kann man sein Auto kostenlos und ohne Zeitlimit abstellen, kaum hundert Meter von Supermarkt und Ortskern entfernt.

Unser Weg zum Zentrum führt uns heute an der Strandpromenade entlang. Die hat in den letzten Jahren viel von ihrem früheren Charme eingebüßt. Genauer gesagt, seit die ältere Generation geschwindigkeitsmäßig auf Elektro-Fahrräder umgestiegen und in Konkurrenz zu sportlichen Mountainbikern getreten ist. Diese Klientel ist nicht nur uns ein Dorn im Auge, sondern auch den Hundebesitzern, die ihre Lieblinge an überlangen, mit Leuchtdioden versehenen Leinen rechts und links frisch gepflanztes Strandgras umpflügen lassen.

Na, wir haben es heute verletzungsfrei fast bis zum Einkaufsladen geschafft. Fast. Denn selbst die geringe Distanz vom kostenlosen Parkplatz zum Supermarkt ist für manchen Autofahrer unüberwindbar. Er will unbedingt einen der wenigen Plätze ergattern, den Supermarkt und Kaufhaus zur Verfügung stellen und läßt sich auch nicht mal von einem Warnschild abschrecken: *Parken nur mit Parkscheibe. Für Parken ohne Parkausweis oder Überschreitung der Höchstparkdauer berechnen wir 24,90 € Vertragsstrafe.*

Die schmale Zufahrt teilen sich also Autofahrer und Fußgänger. Wir laufen hintereinander vorsichtig an der Autoschlange vorbei, als plötzlich hinter uns ein heftiger Wortwechsel ertönt.

»Paß doch auf, du Holztorte...«

»Sie laufen zu zweit nebeneinander und hätten ja mal an der engsten Stelle einen Schritt zur Seite gehen können.«

»Ich? Davon träumst du wohl! Du hast auf Fußgänger Rücksicht zu nehmen.«

»Das hat mir noch nie jemand sagen müssen, und ich fahre seit 42 Jahren Auto ...«

»Das ist genau dein Problem, du Heckenpenner ...«

Heckenpenner, der Ausdruck ist für uns neu. Etwas belustigt schauen wir dem Gescholtenen zu, der nun wenden und sich erneut mühsam den Weg an ungeduldigen Kunden vorbei bahnen muß. Unfreundliche Zurufe ignoriert er. Wir schauen auf das Kennzeichen und wundern uns nicht länger. PI !

Die Stimmung unter den Urlaubern scheint nicht die beste zu sein, woran der einsetzende Nieselregen sicher nicht unschuldig ist. Denn nun zanken sich zwei Damen um einen Einkaufswagen, der einsam und ungesichert vor dem Laden steht. Nur der Verkäufer einer Obdachlosenzeitung ist freundlich. Er wünscht allen Vorbeikommenden einen guten Tag.

34. Rosenbarone in Quito

Damals begann unsere Reise in Quito mit einem Schock. In der Lobby des Swisshotels wimmelte es von Polizei, Sicherheitsbeamten und Scharfschützen. Alle Präsidenten der südamerikanischen Staaten, bis auf Chaves von Venezuela, hatten sich zu einer Konferenz versammelt.

Diesmal ist die Empfangshalle leer, abgesehen von gigantischen roten, gelben und pinkfarbenen Rosenbuketts aus je hundertfünzig Stielen. Duft Fehlanzeige.

Reiseleiter Marco begrüßt unsere Kleingruppe und stellt uns seinen Fahrer mit dem typisch ecuadorischen Namen Wladimir vor. Gemeinsam fahren wir in die Altstadt. Wir bewundern die Sehenswürdigkeiten, wozu die schönste Kirche Ecuadors, »Iglesia de la Compania«, und das beeindruckende Kloster mit sechs Innenhöfen, 30.000 qm für gerade mal dreißig Mönche und zwanzig Nonnen, zählen.

Am nächsten Tag erwartet uns eine Überraschung: Marco ist es dank weitverzweigten Netzwerks gelungen, die Besichtigung einer der über 350 Rosenplantagen zu arrangieren. Da deren Betreiber wegen der Pestizide weltweit angefeindet werden, dürfen eigentlich keine Touristen das Gelände betreten. Wir können uns also heute Einblicke in Zucht und Versand und lernen Namen und Eigenschaften der Blumen kennen.

Es ist ein kleinerer Betrieb. In dreißig Gewächshäusern werden von sechzig sehr jungen Menschen, nur mit Mundschutz ausgestattet, 25.000 Rosen pro Tag geschnitten, gemessen, von Hand verpackt und am gleichen Tag in die USA oder nach Holland per Luftfracht auf den Weg ge-

bracht. Großbetriebe versenden bis zu 125.000 Stück täg-
lich. Meisterleistung an Logistik, aber die Hölle für die viel
zu jungen Beschäftigten. Schon während des kurzen Auf-
enthalts fällt uns im Nebel der Ausdünstungen das Atmen
schwer.

Der Nachmittag steht zur freien Verfügung. Es ist heiß
und die Steigung zur Neugotischen Basilika kein Spaziergang. Oben angekommen, spricht uns ein Ecuadorianer
in perfektem Englisch an. Er hat sich für die Konversation
eine Legende gebastelt: Als Agraringenieur in den USA
arbeitslos geworden, hilft er jetzt seiner Familie, die zu den
größten Rosenzüchtern des Landes gehören soll, und ver-
zichtet auf sein Gehalt. Für zwanzig Dollar würde er uns
die Basilika zeigen.

Da der angebliche Rosenbaronerbe keine der gängigsten
Züchtungen kennt, glaubt ihm Uli kein Wort und lehnt

das Angebot ab. Der Mann läßt sich nicht abwimmeln. Er bleibt stur an unserer Seite, und als wir den Innenraum der Basilika betreten, will er uns in ein dunkles Seitenschiff dirigieren. Unser lautstarker Protest vertreibt ihn endlich.

Nach nunmehr ungestörtem Rundgang landen wir in einer gemütlichen Bodega und finden bei Rotwein und landestypischer Musik unser Gleichgewicht wieder.

35. Stillleben an der Alster

Es hat aufgehört zu regnen. Die Alsterpromenade bevölkert sich zusehends, und wir machen uns auf die Socken. Das heißt, wir lavieren uns durch den Pulk ausländischer Mitbürger mir Kinderschar, die auf Rollern und pedallosen Kleinrädern übt oder Puppenwagen schiebt.

Daß der Radweg sich neben dem Trottoir befindet, ist nicht unbedingt erkennbar, denn er unterscheidet sich farblich nur um eine Nuance. Fußgänger sind in der Mehrzahl. Das bedeutet nicht unbedingt Überlegenheit, denn rasende Radfahrer und flitzende E-Biker kämpfen in beiden Richtungen um die Vorherrschaft.

Wir entkommen dem Inferno nur, indem wir zeitweilig auf rutschiges Laub und Eierpampe ausweichen. Der Blick auf das phantastische Panorama von Alster mit Wasserfontäne ist längst zur Nebensache degradiert.

Ab Jungfernstieg dürfen wir wieder frei laufen. Vor dem Pavillon findet unüberhörbar eine Demo statt, denn aus leistungsstarken Lautsprechern schallen Sprechgesänge. Sechs Hansels kreischen den Text mit und wedeln mit einem Schild den Takt: *Stoppt den Brexit.*

Etwa hundert Meter weiter ertönen plötzlich Walzermelodien, routiniert temperamentvoll auf einem Akkordeon gespielt, fast sind wir versucht, zu schunkeln. Unsere piefige Stimmung schlägt um. Merkwürdig, bisher konnten wir Karnevalsschlager nicht ausstehen!

Wir werfen dem Musiker Münzen in die Büchse und laufen in Richtung Blaulicht, das wir schon geraume Zeit flackern sehen. Eine seltsame Kulisse bietet sich: Zehn

Luxusschlitten mit Warnblinkanlage parken in der Kurve zum Neuen Jungfernstieg, davor Polizei- und Zielfahnderfahrzeug mit Blaulicht.

Aus den abgestellten Karossen steigen feingewandete Menschen, sammeln sich streng getrennt nach Männlein und Weiblein an zwei Plätzen, wobei ein kleiner Junge nicht so recht wußte, wo er hingehört. Es sind wohlhabende Türken, wie wir unschwer an pompöser Ausstattung mit grünen und roten Halbmondfahnenjacketts erkennen. Eine Hochzeitsgesellschaft. Die Braut und ihre Freundinnen sind in monströse Chiffonkleider gehüllt, mit deren Schleppen sie bei hektischer Hin- und Herschieberei nun den Gehsteig fegen.

Zwei Männer verlassen gerade den zivilen Einsatzwagen mit Klemmbrett und Akte, nehmen Kontakt zum Clan-Chef auf, stellen Fragen, notieren eifrig, nicken freundlich zum Abschied und rauschen wieder ab.

Und wir in das nächste Kaffee. Es ist gut besucht. Neben uns sitzt ein Bayer mit seinem amerikanischen Freund.

»Haben die hier auch ›Mohr im Hemd‹«, fragt der Ami.

»›Mohr‹ darfst Du in good old Germany nicht sagen«, wird er belehrt.

»Na gut, dann sage ich eben ›Obama im Hemd‹«, sagt der Amerikaner gleichmütig.

36. Besuch in Kapstadt weckt Erinnerungen

Unsere legendäre Reise mit dem Traditionsschiff gehörte längst der Vergangenheit an. Daß uns ausgerechnet heute, an einem traumhaften Abend auf der Terrasse des noblen Restaurants in Kapstadt, die Erinnerung an diesen verhängnisvollen Vorfall wieder einholt, hätten wir nicht für möglich gehalten.

Unser Ziel war damals das Nordkap. Die See war ruhig, Bergen lag schon hinter uns und wir genossen das sonnige Wetter auf dem Balkon.

Plötzlich wurde die friedliche Stimmung durch eine Lautsprecherdurchsage des Kapitäns unterbrochen: »Wir bitten alle Passagiere, Decks und Balkone sofort zu verlassen. Wegen eines erkrankten Crewmitglieds haben wir einen Hubschrauber von der nächsten Bohrinsel angefordert.«

Natürlich platzten wir vor Neugier und drückten uns die Nasen an den Fensterscheiben platt. Minuten später kreiste der Helikopter, seilte eine Person ab, die nach einer Stunde wieder abgeholt wurde. Endlich Durchsage des Kapitäns: »Ab sofort sind Decks und Balkone wieder freigegeben.«

Verwundert lasen wir dann im Programm für den nächsten Tag, daß das Schiff inzwischen seine Route geändert hat. Zusätzlich wird in der Nacht ein Brief unter der Tür durchgeschoben: Das Crewmitglied ist nach der Attacke eines phillippinischen Landsmanns verstorben.«

Wir schreiben ein paar Zeilen an den Kapitän und spenden Geld für die Hinterbliebenen. Seinen Dankesbrief haben wir aufgehoben.

Heute, Jahre später, nach einem phantastischen Abendessen, erscheint der Restaurantchef an unserem Tisch und erkundigt sich nach unserer Zufriedenheit mit der Qualität der Speisen. Wir loben das Menue in den höchsten Tönen, wobei wir erwähnen, daß uns genau dieses Menue auf einem Luxusdampfer in ähnlicher Qualität begeistert hat.

Er ist völlig perplex, als wir den Namen des Schiffes nennen und auch von dem tragischen Zwischenfall erzählen, der uns die Reise etwas verleidet hatte.

»Ich habe auf diesem Schiff genau an dem Tag in Bergen meinen Dienst als Maitre angetreten, als die Polizei sich an Bord um Klärung des Tathergangs bemühte. Der ältere der beiden Filipinos hatte seinen Schwiegersohn beim Fremdgehen erwischt und nicht lange gefackelt. Ein Messer beendete den Streit und das Leben des Jüngeren.«

Neun Monate müssen die Seeleute aus fernen Ländern Enge und Heimweh ertragen. Der werfe den ersten Stein ...

37. Deutsch-Japanische Freundschaft

Der Frühstücksraum des Hotels ist noch menschenleer. Die philippinische Bedienung füllt hochkonzentriert hinter dem Tresen Kaffee in Thermoskannen, als wir ihr »Pahinga Na« zurufen, was in ihrer schwierigen Sprache »Feierabend« bedeutet. Sie kreischt vor Vergnügen. Nach weiteren Vokabeln, die wir mühsam gelernt hatten, herrscht Stimmung im Laden. Mit unseren gefüllten Tellern setzen wir uns in eine gemütliche Ecke, weit vom Schuß.

Ein etwa 70jähriger, spindeldürrer Japaner betritt den Saal. Nachdem er sich kurz orientiert hat, sucht er das Müsli-Buffet auf, füllt eine Schüssel und steuert in unsere Richtung. Er würdigt uns keines Blickes, als er sich grußlos am Nebentisch niederläßt. Sogar seine vergammelte Schirmmütze mit Ohrenklappen behält er auf, na, andere Länder, andere Sitten.

Am nächsten Morgen gleiche Stelle, gleiche Welle. Der Japs ist heute vor uns erschienen und steht nun unschlüssig am Müsli-Buffet. Anscheinend verschluckt der Teppichboden jedes Geräusch, denn als ich neben ihm auftauche und freundlich »Good morning, Sir«, sage, fällt ihm vor Schreck der Löffel ins Kompott. Er wendet sich um, strahlt über das ganze Gesicht und antwortet in holprigem Englisch: »Danke, daß Sie mit mir sprechen.« Das Eis ist gebrochen. Im Nu ergibt sich eine lebhafte Unterhaltung.

Er ist Herzchirurg und lebt in der Nähe von Hiroshima. Ich erzähle von unserem Besuch dieses geschichtsträchtigen Ortes, der uns so deprimiert hat, daß wir später mühsam unser Gleichgewicht in einem der berühmten japanischen Gärten finden mußten.

Ohne Umstände begleitet er mich zu unserem Tisch, stellt sich vor und nimmt einfach Platz. Sofort sind wir beim Thema »deutsch-japanische Freundschaft und ihre Entstehung«, das uns nach einem Vortrag des ehemaligen japanischen Botschafters Kume lange beschäftigt hat.

Frühstück wird zur Nebensache. Als der Japaner auf die Uhr schaut, stellt er entgeistert fest, daß es längst Zeit ist, zum Flughafen zu fahren. Das plötzliche Verabschieden fällt uns schwer. Ich möchte dem Mann etwas zum Andenken schenken, krame in der Handtasche, finde aber nur einen Kugelschreiber, quietschgelb und knallrot mit Lottoreklame und drücke ihm den in die Hand.

Er nimmt mich in den Arm. Seine Freudentränen sind ihm nicht peinlich, er wischt sie nicht mal weg.

38. Deutsch-britisches Gipfeltreffen in Kapstadt

Unser Hotelzimmer ist noch nicht bezugsfertig. Wir stellen die Koffer ab und machen uns auf den Weg zur Seemannsmission. Im Gepäck Lesestoff, sogenannte Tramp-Bücher, die Seeleute auf ihre nächste Reise mitnehmen und irgendwo in der Welt wieder abgeben werden. Der uns schon bekannte Pastor dieser segensreichen Einrichtung ist gerührt. Er schenkt uns ein liebevoll eingewickeltes Päckchen mit zwei handgestrickten Pudelmützen. Ein Zettel liegt bei. In ungelenker Schrift wünscht jemand tapferen Seeleuten eine gesunde Rückkehr.

Weiter geht es zur quirligen Waterfront, etwa zwei Kilometer vom Zentrum entfernt. Heute erleben wir Zirkus pur: Dicke, knallbunt gekleidete Frauen, das Handy unter verfilzten Rastalocken im Einsatz, Hutzelweibchen, mit zerrissenen Jeans, tief dekolletiert und Musikgruppen jeder Couleur, die sich an Lautstärke überbieten wollen.

Vor dem riesigen Einkaufszentrum befindet sich ein Naturtheater. Auf steinernen Treppenstufen kämpfen Familien um die besten Plätze, Musiker packen soeben ihre Instrumente aus und ein dreißigköpfiger Schülerchor sortiert sich auf der Bühne.

Die Veranstaltung wurde anscheinend von der englischen Oberschicht organisiert, denn nur wenige dunkelhäutige Gesichter sind unter den fast zweihundert Besuchern auszumachen.

Die Vorstellung beginnt. Das Orchester spielt recht atonal, viel zu hoch für die ungeübten Sänger, aber stolze Eltern klatschen frenetisch Beifall. Dann treten zwei etwa zehnjährige Mädchen in knappen Shorts und bauchfreiem Top auf. Sie hauchen ein Liebeslied mit dem Refrain »touch me« ins Mikrofon. Ihrer begleitenden Gestik nach hätte die Darbietung eher in eine Peep-Show gepaßt. Na, über Geschmack läßt sich nicht streiten.

Es ist später Nachmittag, als wir unser Zimmer in dem angesagten Luxushotel beziehen: Elegant und geräumig, Blick auf Meer, Yachthafen und Bootsstege, auf denen sich Seehunde in der Sonne räkeln. Am hoteleigenen Strand lassen sich Engländer von feingekleideten Kellnern Getränke servieren. Fröhliche »Cheers-Rufe« sind zu hören, und augenblicklich fällt uns unser Begrüßungs-Champagner ein. Die Flasche wird mit lautem Knall geköpft. Aufgeschreckt blicken die Liegestuhlfaulenzer zu uns nach oben, und ich reiße geistesgegenwärtig die Arme hoch und rufe: »No shooting!«

Das gefällt den Tommies. Sie laden uns umgehend ein, und wir lassen uns nicht zweimal bitten. Es wird ein feucht-fröhlicher Abend. Brexit ist kein Thema, jedenfalls können wir uns am nächsten Morgen nicht daran erinnern.

39. Rowdy auf Rädern gebändigt

An der Kreuzung warten alle diszipliniert an den vorgeschriebenen Spuren auf »grün«: Links für Fußgänger wie wir, rechts für Radfahrer. Als die Ampel umschaltet, setzen sich beide Pulks in Bewegung, vor uns zwei Passanten in kurzem Abstand.

Unvermittelt taucht ein Radfahrer, von hinten kommend, neben uns auf und kreuzt unsere Spur, in dem in Pantoffelstärke vor uns abbiegt.

Verschreckt und wütend schreit Begleiter Uli ihm nach: »Was fällt Ihnen ein, wie ein Blöder die Regeln zu mißachten?«

Der topmodisch gekleidete Rüpel, perfekt gestutzter Bart, moderne Portierzwiebel auf dem Hinterkopf, wendet sofort. Wir erreichen den Bürgersteig. Er auch. In letzter Minute bremst er sein verrostetes Vehikel ab.

»Hast du ... ähh...haben Sie ›Blöder‹ zu mir gesagt?«

»Nein, wie ein Blöder ...«

»Jetzt hören Sie mir mal gut zu ...« sagt er herablassend, steigt von seiner Feile ohne Schutzblech und Beleuchtung und hebt drohend die Faust.

»Ich habe vorschriftsmäßig abgewinkt ...«

Uli unterbricht: »Sie befanden sich auf der Spur für Fußgänger!«

»Sie sollen mir zuhören ...«

Der Wortwechsel der beiden Männer verschärft sich und nimmt kein Ende. Mir reißt der Geduldsfaden, die Zauberformel kommt zum Einsatz:

»Darf ich Sie etwas sehr Persönliches fragen? Haben Sie eigentlich schon einen Weihnachtsbaum?«

Verblüfftes Schweigen. Dann lacht der Verkehrsrowdy schallend los und streckt uns, trotz Corona-Warnung, die Hand entgegen.

»Frieden?«

Klar. Verabschiedung in bestem Einvernehmen. Der Mann fährt weiter, natürlich auf dem Bürgersteig, und wir biegen in die Pappelallee ein. Autofreie Straße zu den Unikliniken mit vorgezeichnetem Terrain für Fußgänger und Radfahrer. Das Schimpfwort, das eine Studentin soeben einem rasenden Rentner auf E-Bike nachblökt, nehmen wir gelassen zur Kenntnis. Unser Bedarf an Diskussionen ist für heute gedeckt, und die gute Laune lassen wir uns auch nicht verderben.

40. Immer den Rat des Portiers befolgen

Das Hotel in Kapstadt ist laut und die Nacht kurz. Wir sind früh auf den Beinen, wie auch ein deutsch/amerikanisches Ehepaar. Als der Mann, der vor fünfzig Jahren ausgewandert ist, unseren Berliner Dialekt hört, überfällt ihn das Heimweh. »Sagt man immer noch ›Atze‹ und ›Keule‹?« fragt er wehmütig. Na, klar!

Wir laufen vertraute Wege, Hafen, Uhrenturm, auch der Tafelberg trägt sein obligatorisches Tischtuch. Um kleine Ausgaben nicht mit Kreditkarte bezahlen zu müssen und Wechselstuben hohe Gebühren fordern, suchen wir auf Anraten der Touristeninformation ein Geldinstitut auf.

Bereits der Vorraum der Bank ist überfüllt. Zuerst also Nummer ziehen, hinsetzen, warten. Nach einer knappen Stunde frage ich die »Einweiserin«, ob sie mir versprechen kann, Weihnachten zu Hause zu sein. Leider hat die Dame keinen Humor.

Endlich werden wir aufgerufen. Sechs DIN A 4-Seiten sind auszufüllen, ständig zeitraubend zu korrigieren, Paßkopien werden gefertigt, unsere Daten irgendwohin telefonisch abgeglichen und der Fuffi genauestens unter die Lupe genommen. Aber die Sachbearbeiterin ist ungewöhnlich charmant und geduldig, so daß unser Ärger in Belustigung umschlägt.

Inzwischen ist es Nachmittag geworden. Wir fragen den Rezeptionisten nach dem kürzesten Weg zur V&A Waterfront, die nur etwa einen Kilometer von unserem Hotel entfernt beginnt.

»Sie dürfen auf keinen Fall zu Fuß gehen. In einer halben Stunde wird es dunkel. Ich rufe ein Taxi unseres Vertrauens und gebe Ihnen auch gleich die Nummer für die Rückfahrt mit.«

»Nö, Taxi fahren wollen wir nicht, dann essen wir hier im Hotel. Aber ein paar Minuten möchten wir uns noch die Beine vertreten.«

Wir lassen uns auch nicht von seinem wissenden, überheblichen oder schadenfrohen Grinsen abhalten. »Wenn Sie meinen ...«

Frische Luft und Bewegung – da ist Taxifahren für uns keine Alternative. Nach etwa hundert Metern führt die Promenade an einer ungepflegten, winzigen Parkanlage vorbei, die von halbhohen Hecken umgeben ist. Eingedenk der Warnungen des Portiers beobachten wir die Umgebung mit Argusaugen, zumal es schon leise dämmert. Kein Mensch weit und breit.

Plötzlich ertönt ein Pfiff hinter uns. Ein zerlumpter Halbwüchsiger, den wir vorher weder gehört noch gesehen hatten, steht zwei Meter hinter uns und winkt den Büschen zu. Im gleichen Augenblick bohren sich dunkle Köpfe durch das Blattwerk, aber noch ehe die anderen Jugendlichen den Durchbruch schaffen, machen wir – ohne Schrecksekunde – kehrt. Vorbei an dem verdutzten Anführer, der vergeblich versucht, seine Kumpane zur Eile anzutreiben.

Als wir uns kurz vor dem Hotel atemlos umschauen und die Größe der Horde erfassen, wird uns bewußt, in welcher Gefahr wir uns befanden. Unsere Berliner Schlagfertigkeit ist wie weggeblasen, als wir uns kleinlaut bei dem besorgten Rezeptionisten zurückmelden.

41. Schmelztiegel New York

D ie Ansteuerung New Yorks im Morgengrauen über-
trifft unsere Erwartungen. Bei diffusem Licht –
Sonnenschein und dichter Nebel – gleitet das Schiff
fast geräuschlos unter der Verrazzano-Narrows-Bridge hin-
durch, an Freiheitsstatue, Staten Island, Gouverneursinsel
und Brooklyn vorbei, auf die Skyline von Manhattan zu,
die dann scheinbar aus dem Nichts auftaucht.

Der Anblick ist atemberaubend und läßt uns die Aufre-
gungen der vergangenen Wochen vergessen. Vor der Abreise hatte man uns nämlich davon in Kenntnis gesetzt, daß
wegen eines Iran-Stempels in unseren Pässen ein amerika-
nisches Visum erforderlich ist. Dies setzt einen zwanzig-
seitigen englischsprachigen Antrag voraus, sofortige On-
line-Überweisung von 350 € und nach Eingang des Geldes
persönliches Erscheinen auf der zuständigen Botschaft,
für uns also Berlin. Die Schilderung unserer Erlebnisse in
diesem Etablissement erspare ich Ihnen.

Wut beiseite, neues Kapitel. Nach Anlegemanöver an Pier
88 Midtown Manhattan und ätzenden Zollkontrollen erwischen wir sofort ein Taxi, das uns vor unserem Hotel in der
45th Straße absetzt.

Es gibt nur eine Eingangspforte. Wir stellen uns ans Ende
der Warteschlange und werden in einen hausflurähnlichen
Raum gedrängt. Links und rechts gibt es Fahrstuhltüren,
gekennzeichnet von A bis M, also dreizehn an der Zahl.
Begleiter Uli erfaßt sofort das System und tippt die Etage
ein. Erste Hürde geschafft.

Es ist Mittagszeit und phantastisches Wetter, beste Vor-
aussetzung für den obligatorischen Besuch des Central

Parks. Schon der Weg ist ein Erlebnis. Luxusläden, gut-besuchte Freßtempel, Straßenkünstler auf Stelzen und quietschbunt gekleidete Jugendliche, die auf Rollerblades keinem hinkenden Frosch aus dem Weg fahren. Ampeln interessieren niemanden.

Ein Herr mit Sonnenbrille, Schlapphut, Ledermantel trotz 30 Grad und Bierbüchse in Vorhalte kommt uns in vertrauter Begleitung am Trump-Tower entgegen. Wir erkennen Udo Lindenberg, noch ehe wir seine genuschelten Gesprächsfetzen auffangen.

Der Central Park ist ein Publikumsmagnet. Nicht nur Familien mit Kind und Kegel sorgen für pulsierendes Leben, sondern heute, an einem Samstag, finden Radrennen und Marathon-Läufe statt. Die Atmosphäre ist uns vertraut. Nur die schleifchengeschmückten Hunde in edlen, kinderwagenähnlichen Karossen sind ein Novum für uns.

42. Meine Geburtstagsfeier in London

Wir fliegen nach Heathrow mit BA, weil die Lufthansa mit Streiks gedroht hatte. Von dort bringt uns ein Minibus zum Hotel.

Der arrogante Rezeptionist teilt uns mit, daß unser Zimmer anderweitig vergeben wurde und man großzügig entschieden hat, uns für eine Nacht »upzugraden«. Morgen früh gleich wieder umzuziehen? Der hat doch wohl den Kaiser gesehen!

Uli fordert den Angestellten freundlich, aber unmißverständlich auf, entweder unser gebuchtes Zimmer räumen zu lassen oder das Upgrading auf acht Nächte auszudehnen, sonst Abreise. Es führt zum Erfolg. Wir dürfen unseren Aufenthalt bei phantastischer Aussicht auf Themse, Tower-Bridge und Schleuse zum Yachthafen genießen. Na bitte, geht doch!

Am nächsten Morgen sind wir früh auf den Beinen. Zuerst den gut ausgebauten Uferweg entlang, vorbei an St. Pauls Cathedral, weiter zum Riesenrad, Westminster Abby, Big Ben, Houses of Parliament. Also das volle Programm.

Das Stadtbild ist gewöhnungsbedürftig. Horden Jugendlicher, abgerissen und schmuddelig, lungern auf Fußböden, Treppen und Parkbänken oder bevölkern Fastfood-Ketten. Alkohol fließt in Strömen, Müll stapelt sich auf Rasenflächen. Menschenmassen strömen ins berühmte »Harrod's«, tiefverschleierte Frauen befehlen ihren Fahrern, die Luxuskarossen im Halteverbot vor dem Kaufhaus zu parken.

Den Abend verbringen wir bei phantastischem Wetter auf der Terrasse unseres Hotels. Das Steak »à la Knickknack« ist teuer, aber einsame Spitze und der Rosé hervorragend. Die erste Flasche verdunstet im Handumdrehen, so daß wir gezwungen sind, eine zweite zu bestellen.

Ein bekiffter junger Mann schmettert bekiffte Lieder. Nachdem er von Gästen aufgefordert wurde, leiser zu singen, packt er seine Puppenlappen ein und geht auf einen anderen Hof spielen. Auf diese Gelegenheit hat eine junge Frau mit Gitarre wohl schon gewartet, denn sie nimmt sofort seinen Platz ein. Ihre Stimme ist kräftig, ähnelt der von mir verehrten Janis Joplin.

Ich frage sie nach dem Lied »Me and my Bobby McGee«. Sie läßt sich nicht lange bitten.

»That's my favorite song«, sagt sie und legt los.

Am Nebentisch picheln drei junge Leute um die zwanzig bereits die dritte Flasche »Orange Label«. Einer von ihnen steckt der Sängerin einen Schein zu. Sie reicht ihm ihr In-

strument, und beide singen gemeinsam ein irisches Volks-
lied, routiniert, aber gefühlvoll.

Als die liebenswürdigen, indischen Kellner erfahren, daß
ich heute Geburtstag habe, gratulieren sie mit Sekt und
frischen Erdbeeren, und die Champagner-Truppe prostet
uns zu.

43. Rätselhaftes, faszinierendes Persien

Hektisches Treiben vor der Landung in Teheran. Die weiblichen Fluggäste verhüllen ihre Köpfe und erinnern mich rechtzeitig an die Einreisevorschriften.

Überraschend unkompliziert ist die Paßkontrolle für Nichtiraner. Weder wird das Gepäck auf verbotenen Alkohol, noch auf Abbildungen spärlich bekleideter Damen in Zeitschriften durchsucht, wie angekündigt.

Ein etwa fünfzigjähriger Mann, er sieht aus wie Miroslav Klose, begrüßt uns in perfektem Deutsch und begleitet die Gruppe in einem modernen Bus zum 5-Sterne-Hotel »Azidi Grand«. Der westliche Standard des Zimmers überrascht uns ebenso wie die Qualität des Kaffees, den es angeblich in ganz Persien nicht geben soll.

Teheran liegt auf einer Höhe von 1.192 m am Fuß des Elburz-Gebirges mit über 5.600 m hohen Bergen. Der Verkehr in der Stadt ähnelt dem von Bombay oder Kairo. Motorräder, Rostlauben und Nobelkarossen drängeln sich in atemberaubendem Tempo zu viert auf drei Spuren, und das Überqueren der Straße wird zum Überlebenstraining. Aber Klose-jid (er lacht über seinen Spitznamen) hat alles im Griff: Er schwenkt die Deutschlandfahne, die Vehikel halten gehorsam an, manchmal im letzten Augenblick, und wir üben Blitzstart.

Die Fahrt geht vorbei an endlosen Hochhaussiedlungen und Bauruinen, weil den Auftraggebern bei 35 % Inflation das Geld ausgegangen war. Und an Parkanlagen, die auffallend gepflegt erscheinen. »Dafür schuften zwei Millionen afghanische Flüchtlinge zu Hungerlöhnen und nehmen den Iranern die Arbeitsplätze weg«, schimpft Klose-jid.

Und dann zur Schatzkammer Persiens. Unter nachvollziehbaren, nicht übertriebenen Sicherheitsvorkehrungen sind hier die Kronjuwelen des Schah, seiner Frau, ihrer Kinder und sonstigen Verwandten zu bestaunen. Brillianten, Rubine, Smaragde, darunter auch der *Darya-ye Nur Diamant*, 182 Karat, der größte aus einem Stück geschliffene Diamant der Welt. Nur zu besonderen Anlässen durfte sich die kaiserliche Familie den Schmuck ausleihen. Diesem Umstand ist es zu verdanken, daß der unvorstellbare Reichtum in Persien blieb, als die Schahfamilie das Land verlassen mußte.

Beim Spaziergang durch einen Park umringen uns plötzlich kichernde, schwarz verhüllte Schulkinder. Als wir sie um ein Photo bitten, stellen sie sich stolz mit ernsten Gesichtern in Positur, um hinterher aufgeregt das Ergebnis auf der Kamera zu kommentieren.

Wir hatten viel von den liebenswürdigen Iranern gehört, jetzt erleben wir Herzlichkeit und Sympathie hautnah. Auf Straßen, in Bazaren oder Parks werden wir von jungen Menschen ausgefragt und fotografiert. Blitzsaubere Jungs mit westlichen Haartollen, Mädchen, bildhübsch und perfekt geschminkt umarmen uns und wenn sie hören, daß wir aus Deutschland kommen, müssen wir unsere Namen buchstabieren. "We are so happy, that you visit our country." Wir erleben, daß Amerikaner bei Nennung ihres Heimatlandes mit "da-da-da-da-da-«Tönen bedacht werden, Geräusche, die Maschinenpistolen imitieren sollen.

Mit dem Sturz des Schah-Regimes 1979 wurde die Erbmonarchie in Persien abgeschafft. 1980 begann der Krieg zwischen Iran und Irak. Er dauerte acht Jahre und Millionen Männer verloren ihr Leben.

Da niemand den Ort kennt, an dem sein Angehöriger getötet wurde, finden einmal jährlich Pilgerfahrten statt.

»Reise zum Licht« heißt die Wallfahrt. Zu Tausenden treffen Trauernde aus aller Welt im Kriegsgebiet ein, in dem auch Häuserfassaden mit überlebensgroßen Portraits der Toten bemalt sind. In neuerer Zeit kämpfen die Hinterbliebenen darum, die Bilder zu entfernen, weil der Schmerz nicht vergeht beim Anblick der unbekümmerten, nie alternden Gesichter ihrer Väter und Söhne.

Pause auf einem großen Parkplatz. Unter einem Baldachin sitzen zwei junge Frauen und ein alter Mann auf einer bunten Decke, vor sich Schalen mit Speisen und heißem Tee. Sie laden uns ein. Noch ehe wir verlegen ablehnen können, wird uns ein Brötchen mit Kartoffel- und Eiersalat in die Hand gedrückt. Wir lachen gemeinsam, fotografieren uns gegenseitig und dann ...

»Mein Sohn ist getötet worden«, sagt der alte Mann plötzlich und weint. Wir nehmen ihn in den Arm, trösten so gut wir können, was ihm sichtlich gut tut. Nur ungern verlassen wir diese sympathischen Menschen.

Die Tage vergehen im Handumdrehen. Susa mit bedeutenden Ausgrabungen, Nomadenvölker ziehen mit Herden und Jurten durch die Wüste. Wir durchfahren Khuzestans Erdöl- und Erdgasgebiete. Die maroden Leitungen stammen noch aus Schahzeiten, das EU/USA/UN-Embargo verhinderte Reparaturen.

Persepolis, Yazd, mit den berühmten »Türmen des Schweigens«, in denen noch bis vor 70 Jahren die Geierbestattungen stattfanden.

Die Augen können sich nicht sattsehen, denn schon geht die Reise weiter. In der Oasenstadt Isfahan mit ihren türkisfarbenen Kuppeln und zierlichen Minaretten übernachten wir im halbfertigen Anbau eines Luxushotels. Unser Zimmer ist bereits hochherrschaftlich ausgestattet, ebenso das Restaurant, in dem wir am nächsten Morgen frühstükken. Irgendwie fühle ich mich heute beobachtet und dann fällt mir siedendheiß ein, daß ich mein Kopftuch vergessen hatte. Der Weg zum Zimmer ist weit und umständlich. Am Ausgang des Restaurants schaut mich eine bildschöne Empfangsdame fragend an, und ich entschuldige mich für den Faux-pas.

»No problem, madam« sagt sie und begleitet mich zum Tisch zurück. In der folgenden Stunde fühle ich mich unter den verschleierten Frauen, als würde ich halbnackt auf einem Präsentierteller residieren.

Während sich unsere Mitreisenden mit Gewürzen versorgen, lernen wir auf dem Parkplatz eines Supermarktes einen iranischen Geschäftsmann kennen. Sofort ergibt sich ein intensives, fast vertrautes Gespräch. Seine Verwandten leben und arbeiten in Hamburg. Er lädt uns sofort in sein Haus nach Teheran ein und nimmt enttäuscht zur

Kenntnis, daß unser Aufenthalt in diesem schönen Land heute beendet ist. Visitenkarten werden ausgetauscht und er schenkt uns zum Abschied zwei Kästen der berühmten Pistazien-Pralinen.

Wir müssen Abschied nehmen. Insgesamt 4.200 km waren wir im Iran unterwegs und wissen: Wir werden zurückkehren in dieses phantastische Land mit seinen liebenswerten Bewohnern.